JN296189

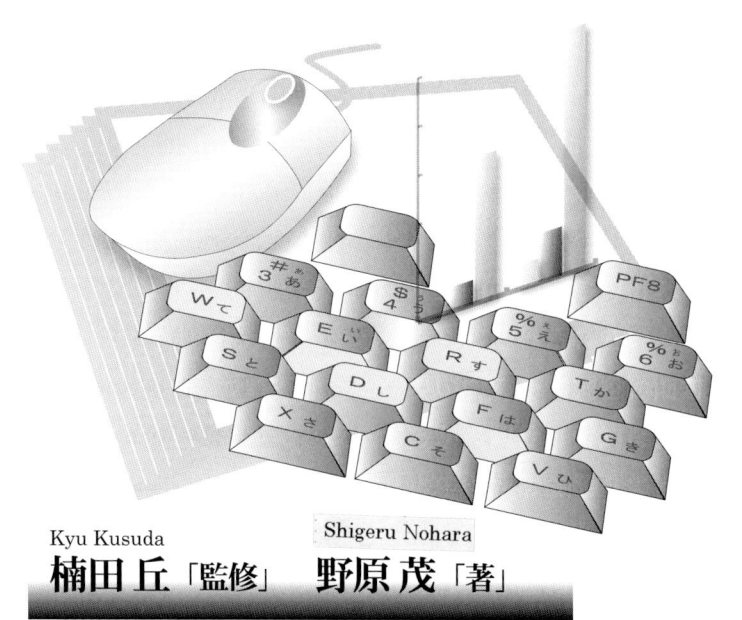

部下のやる気を高める
目標の決め方

成果・能力主義時代の面接と評価システム

Kyu Kusuda
楠田 丘「監修」

Shigeru Nohara
野原 茂「著」

経営書院

監修の言葉

楠田　丘

　この書は、各人の役割（職務行動基準）、つまり目標を設定するための上司と部下との間における面接についての解説書である。

「目標面接制度が能力主義人事の出発点」
　役割基準、つまり各人に対する企業の具体的期待像がはっきりしなければ、的確な評価や育成はあり得ない。したがって、一対一でひざ突き合わせてじっくり時間をかけ、各人の実力に応じて向こう六カ月間ないし一年間の職責を編成し具体的行動計画を設定し、上司と部下との間で確認し合うといった目標面接制度は、評価、育成、処遇といった一連の人事労務管理のまさに原点をなす。それは、人材の活用と開発といった、能力主義人事活性化の鍵を握るといっても過言ではあるまい。特にいま、わが国の人事管理は、年功集団主義的在り方から、個を尊重し個を活かす加点主義的な能力主義人事へと転換が急がれており、例えば人事考課にしても、一人ひとりをみつめ育成に確実にフィードバックするといった絶対考課への切り換えが進んでいる。それだけに、個の行動基準を設定し期待像を明確にする目標面接制度に対する関心は、とみに高まっている。

「面接制度の今日的機能―能力主義と成果主義のジョイント（継ぎ目）」
　目標面接制度は次の四点で今日的意義をもつ。
⑴　"人が仕事を創る"といった日本モデルの特性を活かす
　すべての面で変化が激しい今日、職務記述、職務標準化といった形で各人の仕事基準を設定することは硬直的すぎ、実際的ではない。

そのつど最適な形で柔軟に職務を編成し、期待目標を設定する。それが評価の基準となり育成の目標となり処遇の基準ともなる。

そもそも日本的人事労務管理は、仕事に人をつける（アメリカモデル）のではなく、人が仕事を創るというすぐれた特性をもつ。それを活かすのが目標面接制度である。

(2) 個をみつめ個を活かす（実力主義）

また面接制度は、企業経営に従業員の職務活動をしっかりと結びつける接点をなす。企業が期待し求める能力像や仕事像つまり期待人材像こそが従業員にとって仕事・能力目標となるわけだが、その期待像は通常、職種別等級別職能要件、つまり職能資格制度における等級基準として示される。しかし等級基準がいかに精密であってもしょせんそれは原則的能力像や仕事像でしかあり得ない。同一職種、同一等級であっても、その時点での実力（高成果実現行動力）によって期待像は同じではないからである。そこで面接を通じて実力（時価つまりコンピテンシー）に応じて等級基準を個人別の行動基準に細かく翻訳し直すことが必要となる。等級基準がいささか粗っぽくても、面接制度が配慮に富んだものであれば、企業の期待像と各人の目標を確実に一致させることができ、企業経営は活力あるものとなる。

(3) 個々人の意思と適性を活かす（加点主義）

さらにまた、面接が現場の部下掌握を確かなものとする。情報を流し役割を認識させ、部下の意思を把握し、チャレンジ、評価、育成を有効とする。通勤手段や価値観の変化などが時間外の非公式な上司・部下間の接触を乏しいものとしつつあるが、それが制度的な面接によってカバーされねばならない時代環境にいまはある。

(4) 目標面接が能力主義と成果主義のジョイントをなす

日本型成果主義は職能資格制度（人材育成）を出発点とし、実力で職責を設定し、これに各人のチャレンジを加えて各人の役割が決

まる。その役割の達成度が業績であり、その業績をロングランでとらえた企業・産業への貢献度を成果と呼ぶ。つまり目標面接制度は能力主義と成果主義のジョイントをなし、それが日本型成果主義を成立させる。

「本書の積極的意義」

　このように上司と部下との間の定期的な面接制度は、個を活かす能力主義人事労務にとって不可欠のものだが、ところで、従来、この分野についての専門的論述や実務的解説書はほとんど欠けていた。それが人事考課の見直しや面接制度を進めるうえで一つの阻害要因となっていたことも否めない。それを埋める形でこの本が位置づけられ公刊されるだけに、この書のもつ意義は極めて高い。人事考課を入り口として、面接制度の意義、他の諸制度との関連を体系的に説くとともに、面接の具体的進め方を極めて詳細に論説している。特に注目されるのは、この本の論調が一貫して人材の開発・活用への積極的姿勢をベースとしている点であろう。意欲を高め、チャレンジさせていく条件づくりの一つとして、面接制度を人事考課と結びつけて位置づけているが、これは著者の豊かな実務経験と人間尊重の理念から導き出されたものであることはいうまでもあるまい。

　単に人事担当者のみでなく、むしろ広く部下をもつ管理者の方々のすべてに役立つよう記述されている点も見逃せない。人事考課を育成に役立つ絶対考課に近づけ、能力主義・実力主義・加点主義・成果主義を活性化していくうえで広く活用されることは間違いあるまい。

はじめに

　今日、好むと好まざるとにかかわらず、職場の中での対話が強く、求められている。それは対話によって上司と部下との相互理解を促し、信頼関係をつくり上げるためである。対話こそささくれだった人間関係の潤滑油となるものであり、とげとげしい感情の鎮静剤である。対話といえば、一見、管理次元としては低いものと思われがちであるが、部下のもつ、さまざまな欲求に、最も直接的にこたえる手段であることを知らなければならない。

　「知ってはいるが」とか「思ってはいるが」ではだめである。今までの量的拡大の時代であればそれでもよかった。しかし環境が変わって質的創造の時代といわれる中でそれでは困る。"思い"をまず声にして表わし、さらにそれを文章にして現わすことが求められる。

　今日、企業人に必要なのは戦略的ビジョンであり、何がわが社の目的・目標なのか、その中で社員一人ひとりは何をすべきかをはっきりさせるべきで、具体的には使命の明確化から何をすべきかの意思決定である。これまで社員は上司から与えられた仕事を熟なす能力、つまりそれは目標の形成も実行も、従来の延長線上のそれで評価された。しかしこれからは、変化を読みどうあるべきかを形成して到達すべき目標を創造し、斬新な提案のできる能力が評価される時代となった。

　仕事は上司から言われたことだけをやるのでは問題で上司に何んでも提言することで創造性も高まる。

　この提案、提言の場こそ目標面接なのである。

　本書は、第1章で人材マネジメントでの面接と評価の重要性とその関係を、第2章では、人事考課の公平、納得性について、そして

第3章では目標面接について詳しく、目標の設定の仕方から効果的な面接の運営まで述べた。
　目標面接はそれを制度として整備するのも大切だが、それ以上に目標面接の根底にある考え方やその理念の理解こそ重要である。
　"対話"を無駄といっていては駄目である。無駄やゆとりの中から新しい発見も期待できる。上司と部下との話し合い、つまり個と個がぶつかり合っての相乗効果で、個では得られない新しい価値を創造する。
　今こそ、企業の理念、目標を明確にし、社員の主体性を尊重した目標設定、実行でのフォロー、そして成果の評価のプロセスを確実にし、人事考課にも適正に結びついた目標面接の展開が求められる。
　本書のなるにあたって、恩師楠田　丘先生に監修をいただいた。また、経営書院のスタッフの皆様にご支援を賜わったことに対し厚くお礼申し上げる。

野原　茂

〔目　次〕

第1章　面接と評価の必要性

Ⅰ　いまマネジメントに求められている人材戦略とは …………1
  1. 部下と"共に"成果を上げる ……………………………………1
    (1) 「分与」と「関与」……………………………………………3
    (2) 納得と合意 ……………………………………………………3
  2. 「情報」によるマネジメント ……………………………………4
  3. 達成への動機づけ ………………………………………………5
  4. 能力と実力のミスマッチへの対応 ……………………………6
  5. 人材の育成と活用 ………………………………………………6
Ⅱ　「目標面接」と「人事考課」…………………………………………7
  1. 人事考課の役割、機能の変遷 …………………………………8
  2. 目標面接と人事考課は不即不離 ………………………………9
  3. マネジメント・サイクルからみての関係 ……………………11
    (1) "プラン"の段階 ……………………………………………11
    (2) "ドゥ"の段階 ………………………………………………12
    (3) "チェック"の段階 …………………………………………13
    (4) "アクション"の段階 ………………………………………14
  4. 目標面接や人事考課がうまく機能しない要因は何か ……15
    (1) "やった、やらなかった"の結果偏重に走りすぎ、ためにその結果と因果的に関係する能力開発が等閑視されたこと…………………………………………………………15
    (2) 目標の意味や、目標の果たす役割などが本質的に理解されていなかった………………………………………18
    (3) 「仏」はつくったものの魂を入れないで運用してし

　　　　まったこと………………………………………………………21
　Ⅲ　これからの人事戦略……………………………………………23
　　1. 能力主義の柱"職能資格制度"の再編……………………24
　　2. 能力主義と成果主義の調和…………………………………28
　　　(1) 実力主義の導入……………………………………………29
　　　(2) 加点主義への転換…………………………………………31

第2章　人事考課制度 …………………………………………33

　1. 人事考課に対する新しい認識…………………………………33
　2. 人材の確保と人事考課…………………………………………36
　3. 人材評価制度の拡充……………………………………………37
　　(1) 人事考課の二つの側面………………………………………38
　　(2) 絶対考課の要件………………………………………………40
　4. 期待像の種別と明示……………………………………………41
　　(1) 期待能力像（等級基準）……………………………………42
　　(2) 期待役割像（職務基準）……………………………………43
　　(3) 期待実力像（コンピテンシーモデル）……………………45
　　(4) 期待人材像（職群基準）……………………………………46
　　(5) 期待社員像（社員基準）……………………………………47
　5. 期待像を基準とする絶対考課…………………………………48
　6. 能力評価と実力評価（コンピテンシー）の違い……………49
　　(1) 能力評価の仕方………………………………………………49
　　(2) 実力評価（コンピテンシー評価）の仕方…………………52
　7. 評価と査定………………………………………………………55
　8. 基準作りの原点……職務（課業）調査について……………57
　　(1) 職務調査のねらい……………………………………………57
　　(2) 職務調査の具体的内容と手順………………………………58
　　(3) 職務調査の実際………………………………………………59

第3章　目標面接制度 …………………………………………67

Ⅰ　面接制度とは…………………………………………………67
1.　面接制度のねらい …………………………………………68
2.　面接制度導入の前提条件 …………………………………73
3.　面接制度のフレーム ………………………………………76
4.　面接制度の規程化と手引き（マニュアル）……………77
(1)　面接実施規程のとりまとめ方 …………………………79
(2)　規程例【面接制度実施基準】…………………………87

Ⅱ　目標面接の展開………………………………………………96
1.　目標面接の仕組み …………………………………………96
2.　ミーティングの事前準備 …………………………………97
(1)　部門の使命の明確化……………………………………98
(2)　部門の現状の分析 ……………………………………100
(3)　部門の課題の抽出 ……………………………………102
(4)　目標化 …………………………………………………103
(5)　職責の編成（分担マトリックス）……………………104
3.　ミーティングの実施 ……………………………………106
(1)　情報の共有化 …………………………………………109
(2)　職責の明示と確認 ……………………………………109
(3)　個別面談までに上司としてなすべきこと …………115
4.　個別面談の実施 …………………………………………119
(1)　職責の確認 ……………………………………………119
(2)　役割の設定、確認～目標(具体的行動計画)の検討 …121

Ⅲ　"役割「職務基準」"設定のポイント ……………………129
1.　役割（職務基準）が具備すべき条件 …………………129
(1)　目標の具体性（表現の仕方）…………………………130
(2)　目標の妥当性 …………………………………………131

2. 動機づける役割（職務基準）とは ……………………134
　(1) "やる気"をなくす要因 ………………………………135
　(2) "やる気"を起こす条件 ………………………………136
　(3) 職務の拡大と充実 ……………………………………138
　(4) 部下により高い目標を設定させるには ……………139
　(5) 役割「職務基準」の設定単位 ………………………143
　(6) 役割「職務基準」を適正化するための留意点 ……146
3. 面談での留意点 ……………………………………………149
　(1) 部下の提案した目標の検討 …………………………149
　(2) 面接者として心すべきこと …………………………153
4. 面接の実際（具体的進め方）……………………………158
　(1) 部下を迎え入れる ……………………………………159
　(2) 要件を確認する ………………………………………162
　(3) 部下が話すように仕向ける …………………………163
　(4) 上司としての意見、考えを述べる …………………171
　(5) 提案された目標について話し合う …………………172
　(6) 将来についての希望、考えをたずねる ……………180
　(7) 部下から出された希望等についての意見があれば述
　　　べる ……………………………………………………181
　(8) 今後の指導、自己啓発の方法について話し合う …181
　(9) 話し合いの内容について確認 ………………………184
　(10) 上位者への報告 ………………………………………186
Ⅳ フォローアップとフィードバックのための面接 …………186
1. 中間面接 ……………………………………………………186
　(1) 部下の仕事に関連する情報はすべて与える ………186
　(2) 部下に定期的に、自発的に報告させる ……………187
　(3) 部下の仕事ぶりの観察、分析、記録 ………………187
　(4) 状況によって、示唆、指導、助言などを行なう …188

(5)　部下との共同活動 ……………………………………188
　2.　育成面接 …………………………………………………188
　　(1)　フィードバックの必要性 ……………………………188
　　(2)　フィードバックのねらい ……………………………189
　　(3)　改善に臨む上司の姿勢 ………………………………191
　　(4)　フィードバックの内容と留意点 ……………………192
　　(5)　フィードバックの準備 ………………………………195
　　(6)　フィードバックのすすめ方 …………………………200
Ⅴ　結び …………………………………………………………206
　　(1)　良い面接者の条件 ……………………………………208
　　(2)　面接者としての反省と自己啓発 ……………………210

第1章　面接と評価の必要性

Ⅰ　いまマネジメントに求められている人材戦略とは

　いま、組織統括、部下育成掌握業務に携わっている人に期待されるものは何であろうか。
　これらの検討から入っていきたい。いろいろあると思われるが、おおよそ次のようにまとめられるのではなかろうか。

1　部下と"共に"成果を上げる

　従来のマネジメントの教科書では、「管理者は、部下を通じて成果を上げる人」であった。しかし今日では、「部下と共に成果を上げる人」と書き改める必要性を感じてならない。今日のように企業の内外環境が厳しく、なおかつ変化のスピードが激しい時代においては、過去の経験の蓄積だけでは変化に対応しきれるものではなく、また管理者個人の判断だけでは正しい決定を下しにくくなってきている。押し付けのコントロールではなく、『参画』で関与、関心を持たせねばならない。そこで、"みんなで知恵を出し合って"ではないが、部下の参加や参画を求めた衆知結集型のマネジメントが台頭してきた。経営参加、参画による経営がこれである。しかし、現実にどの程度の参加、参画が行われているのか、参加や参画の主体がどこにおかれているのか、はっきりしないことが多い。
　「参加」「参画」を簡潔に定義すると、「参加」とは、"仲間になること"であり、「参画」とは、"計画にあずかること"といえよう。もっともこの定義は「広辞苑」から借りてきたものであるが、少なくとも経営参加というからには、組織の末端に至るまで全員が、経営の仲間になっていなければ参加しているとはいえないし、同様に

各人が計画にあずかっていなければ、そこには参画は行われていないということになる。参加、参画の「参」は漢和辞典によると、マジワル、アズカル、ナラブ、ツラナル、ハカルとなっている。

「加」は口と力を合わせるとなっており、「画」はワカツ、ハカルとなっている。字の意味から判ずると、参加、参画とは全員がテーブルについて（ならぶ、つらなる）まじわり、口と力を合わせて図ったり、（物事に）あずかったりすることとなる。このように参加、参画という本来の意味からは、どうも部下を通じてというイメージがわいてこない。

最近は人間味あふれるというか、飾りっけがなく、オープンマインドで物分かりのよい管理者が部下から支持されつつあるようである。これに対して、ひところのような権威をカサに着たり、頭ごなしにハッパをかけたり、"オレの言うとおりにしろ"といったやり方では、だんだん部下に受け入れられなくなってきた。管理者が一方的に指示・命令し、指示・命令したとおりに実行するよう統制し、指示したとおりやったかどうかを上司が査定していく管理パターンでは、部下は思うようには動いてくれないだけでなく、そういう管理パターンでは質的変化の経済環境には対応できなくなってきたのである。押し付けのコントロールではなく参画させ関与、関心を持たせねばならない。

他方、人間味あふれるというか、それでいて物分かりのよい管理者は、部下やまわりにいる人達の話によく耳を傾け、自分に対する反対意見であっても、それをうまく取り入れたりする。また自分の所信は所信として貫き通す反面、常に部下とのコミュニケーション・パイプをつないでおくように努力している。つまり部下とならぶ、はかる、わかつ、口と力を合わせる努力をし、部下を仲間にしているのである。部下も仲間だという感触がもてるようだと、人間味あふれた、物分かりのよい管理者として支持する気持ちになれるのだ

ろう。そうなると管理者は、部下を通じてではなく、部下——というよりも仲間（パートナー）——と共に成果を上げる人といったほうがよりぴったりするように思われる。

(1) 「分与」と「関与」

　上司と部下が仲間になるということは、組織の中における役割に応じて職務を分担し合い、職務や役割を遂行することにおいて対等であるということであろう。学生仲間にみられるような、無差別的な対等関係をいうのではない。お互い同士、役割分担を明確にし、それぞれの役割分担を確認、理解しあう。管理者の役割分担内容と、部下のそれが異なることは当然であるが、お互い同士、確認、理解し合った役割を遂行するにあたっては、命令する人・される人ではなく、役割分担をそれぞれ遂行していく人といった対等感が仲間意識といえないだろうか。

　仲間意識は組織の中で、管理者以下全員で役割を分担し合い、共通の目標の達成にあたるというお互いの関係の中から派生してくるものだといえよう。言い換えると、"君はこの仕事をやってくれたまえ"ではなく、"私は、この部門の目標を達成するため、この仕事とこの仕事をやります。だからあなたはこの仕事とこの仕事をやってください。私とあなたと分担し合って部門の目標を達成しましょう"と仕事を分け与えるばかりではなく、苦楽をも分かち合うという状況から生まれてくる。組織における仲間関係は、以上のごとく、成員同士の仕事に関する分与的関係である。と同時にそれは協働主義としての、組織全体、部門全体の仕事と各人との関係をも意味する。

(2) 納得と合意

　部下に参画を求め、周知を結集していくマネジメントにおいては、

部下の自主性は尊重され、部下にとっては大いに創意性を発揮する場が与えられることになる。参画を求めるからには、強要や統制を排し、何よりも部下を信頼することをその根底としなければならない。

そのような信頼関係は、管理者と部下が、お互いの納得と合意によって―それも見せかけのそれでなく真の―仕事が行われることによって確立される。

また納得と合意によって、自部門の仕事を分与し、分担させる事は、部門としての仕事や、自分が分担する仕事に対する"わが事意識""オーナーシップ"を芽生えさせる。この"わが事意識"は、仕事が決定されるにあたって参画すること、すなわち関与することによってはぐくまれるものである。その場合、部下が関与する度合いが強ければ強いほど、"わが事意識"も高いものとなる。

いずれにしても部下が心から納得し、自分のこととして、自らその仕事に自発的に取り組み、その仕事を引き受けてやろうとする気にさせなければならないのであって、それには管理者が役割分担や仕事を決める際、いかに部下各人に分与するか、関与させるかが大きな決め手となる。

2 「情報」によるマネジメント

仕事を分与し、関与させるには、情報の力を借りなければならない。部下の心からの納得、合意をとりつけるには、企業をとりまく状況や、部門のおかれている立場、その仕事の必要性や重要性、業務の進捗状況、成果の意義と意味、将来の見通しなどについて、つど知らせておく必要がある。

まさしくマネジメントとは、情報をいかに活用するかであり、情報を与えずして仕事の分与もなければ関与もない。情報が与えられないと、部下はその仕事をなぜやらなければならないのかもわから

ないし、自分に何が期待され、求められているのかもわからない。情報は"光"である。光のないところで"人"は動けない。

　そしてその情報は、なるべくならば全員が等しく、しかも同時に共有することこそ望ましい。情報を共有することによって、互いのコミュニケーション・ギャップは解消され、互いの葛藤や対立、セクショナリズムなどを回避することができる。参画とは、お互いに情報の同時共有化を図ることであり、情報を同時共有することによって成員が共通した考えや意識を持って仕事をすることをねらったものである。情報を共有化しないと組織力は弱まる。

3　達成への動機づけ

　納得と合意によるマネジメントとは、管理者と部下とのパートナーシップでもある。部下に参画させ、納得と合意によって職責や目標を決めれば、後はかまわずともよいというわけにはいかない。仕事上のことについて、一つひとつ細かく口出しすることは差し控えなければならないが、部下が一つの仕事をなし終えるまで、部下と共同作業でという基本的姿勢は持ち続けるべきである。これこそ管理者の部下に対するリーダーシップである。

　管理者は、仕事上の差し出がましい口出しはしないが、常に部下に関心を示し、その行動について掌握しておかなければならない。部下の行動の掌握とは、終始部下の職務遂行状況について観察（レビュー）し、分析（アナリシス）、記録（レコード）し、部下が問題に直面しているようであれば、答えを与えるのではなく一緒に考えるなり手を貸すなりして部下自身が答えを見つけるようなサポートで解決にあたる。とにかく、部下の職務遂行過程を終始一貫して部下と共に歩むのである。この"共に"の姿勢が部下にとってはまたとない動機づけとなり、やる気の原動力になるのである。

4　能力と実力のミスマッチへの対応

　状況によっては、今までやってきた仕事を思いきりよく切り捨ててしまわなければならないこともあるだろうし、以前やめてしまった仕事も、事情によっては再びやり始めなければならないことも起こりうる。

　仕事の分与の仕方についても、これからはますます柔軟な対応に迫られるであろう。というのは、今や少子高齢化と IT 化は次第に進み、そして労働力の流動化がいわれる中で定年も延長せざるを得ない状況にある。そのような労働力の構造変化は、ベテラン従業員にも、入社間もない新人がやるような仕事を、ケース・バイ・ケースに応じてやってもらわなければならない状況を生ぜしめる。そこには能力と実力のミスマッチがあるからである。ベテラン従業員にすれば、なんともバカバカしい仕事をということになるが、そこに環境の質的変化の時代という現実がある。組織の効率化と企業の強化のためには、どうしても避けては通れない。そのような場合、ベテランにどう納得、合意させるか、まさに管理者としての腕の見せ場ということになる。

5　人材の育成と活用

　今までは、わが国の労働慣行は、学卒者を定期的に採用し、一人ひとりを人材として育て上げ、その人材を特定の部門や職務に固定せず、能力の高まりや適性に応じて幅広く柔軟に活用していくところに特徴があった。そのような慣行の中にあっては、何よりも育成が優先されて、しかるのち、当人の能力や適性、希望などに応じて活用し処遇に結び付けていくという企業は変わらないが職種は変わるという、いわば内部労働市場制であった。しかし今後、人の労働観や価値観の変化、そして労働力の流動化が進む中で、各人は自分

の専門分野を定め、職種は変わらないが企業は変わっていくという方向に少しずつ変化していくものと考える。これまでは企業の論理から人を判断し、必要な能力を身に付けさせる考え方の能力主義であった。しかし今後、まず考えねばならないことは育成の加速化である。加えて、これからは一人ひとりの目的や使命と企業の目的と使命のかかわりを考えなければならない。ろくに育成もしないで、"アイツはだめなやつだ"という烙印を押し、職場をあちらこちらとタライ回しするようなことがあってはならない。押し付けでなくミッション共有で事業の発展と組織の活性化を図らねばならない。そのためには企業文化の創造とそれにふさわしい人づくりが決め手である。成果のための実力主義も必要だが、成長のための能力主義も不可欠である。

ほかにもまだまだ期待されるものがあるとは思うが、以上の5項目は、そのうち特に期待度の高いものといえよう。問題は、これらの期待に管理者としてどう応えていくかにある。それは単なる期待というよりも、むしろ課題と考えたほうが適切かもしれない。それを課題とするならば、それらに対応していく方法を、ぜひとも現実の組織の中で確立していかなければならない。それが今日求められている人材戦略である。

Ⅱ 「目標面接」と「人事考課」

いま、管理者に期待されているものをそのまま課題として取り上げた場合、それらの課題一つひとつに応えられるマネジメント・システムとして有効と思われるものは何であろうか。この問いに対して、まず頭に浮かぶのが「目標管理」である。目標管理（目標面接）は、まさにこれらの課題に対応する最も有効なツールの一つとされてきた。しかし、ここで目標面接と同じくらい有効であり、そしてすべての管理者の日常の仕事に密着している、もう一つのマネジメ

ント・システムを忘れてはならない。それが「人事考課」である。ではなぜ人事考課がそうなのか、それについての考察を加えてみよう。

1　人事考課の役割、機能の変遷

　能力主義のコンセプトは、個（人）の尊重であり、人の能力は無限の可能性を有すると考えるところにあり、個をみつめた能力開発と、その活用を信条とする。当然のことながら、能力主義の運用の鍵を握る人事考課のねらいとするところも、能力の開発と有効活用にあることはいうまでもない。

　人事考課は、他の人事管理諸制度と比べて、その歴史は長いといわれているが、第二次世界大戦後、わが国の高度成長を支えたとまでいわれた年功人事のもとでの人事考課と、年功重視の人事から能力主義そして成果主義へと変わってきた今日のそれとでは、その性格や機能に変革が生じたとしても決しておかしくはない。年功重視の人事のもとでの人事考課は、「査定」すなわち"処遇のために差をつけること"に存在意義がおかれ、それにそっての運用がなされてきた。

　しかも差をつけるといっても、年功という前提に立っての差であるから、差をつけるための明確な基準や尺度をあえて設けずとも、人物対比というか、人と人との比較をするといった相対考課で事足りたわけである。この差をつけるというやり方は、結果よければすべてよしとする結果思考のマネジメントにほかならないが今日、成果主義がこの結果主義となっている事例も少なくない。後述するが成果主義は結果主義ではない。査定＝結果主義こそは、高度成長時代を含めて、年功人事における人事考課の特質であった。

　そこで人事考課も、それまでの査定＝差をつけることに重きがおかれていたものを、"差をなくすこと＝レベルアップ"に重きをおいたものへと変化していかざるを得なくなってくる。差をなくすと

は、企業が期待し要求するレベルに全員が到達するよう引っ張り上げること、これがとりもなおさず差をなくすという意味なのである。差をなくすためには、"やったかやらなかったか"といった結果のみを見ていたのではだめである。まず役割を決める段階で、その仕事が個々人の能力に、そして能力開発に結びつくかどうかを十分考慮して決めなければならない。次に、個々人の仕事ぶりを観察、分析し、その持てるものを引き出すよう手を差し伸べたり、部下自らが意欲的に自己啓発に取り組むよう動機づけるといった、個々人に対する職務遂行過程での、きめ細かいプロセス管理の意識的実践が必要となる。そして期待し要求するレベルを充たしたかどうかをフィードバックすることを通して、次の新たな挑戦目標に結び付けていくといった管理行動によってこそ、「個」のレベルアップは実現される。つまり前向きというか、より積極的に人材として育成し、その人材をフルに活用し、挑戦的、創造的に仕事を進めていく育成型加点主義的人事考課への脱皮が求められてきたわけである。しかし今日、高齢化、構造変革が進み社員として積み上げた能力の陳腐化や気力、体力の低下、行動特性の劣化で必ずしも現に成果を上げる実力とならないことからコンピテンシー評価を取り入れて実力評価、実力育成を進めていかねばならない状況にある。このように、人事考課も時代の動きと共に、変貌を遂げているわけであるが、今日の能力主義と成果主義下の人事考課は、本来の目標管理のねらいと一脈通ずるところもある。では、人事考課と目標管理は、いったいどこでどう結びつけられるのであろうか。まず両者を結びつける重要な接点となるものについて考えてみたい。

2　目標面接と人事考課は不即不離

　人事の理念とするところはいくつか考えられるが、一般には次の三つに大別される。したがって、そこでの人事考課も当然のことな

がら、それらの理念の実現に向けて機能し、役割を担っていくものでなければならない。

さてその三つの理念とは、

① 高い成果（生産性の向上）

② 働きがい＝生きがい

③ 公平な処遇

の達成、実現にある。

ここでいうところの働きがいとは、日常の職務活動を通じて、自己充足、自己主張がおこなわれる状態を指す。自己充足とは、能力開発のことであり、仕事を通して人間としての成長によって得られる喜びであり、満足である。

自己主張とは、能力が思う存分仕事の場で発揮されている状態であり、それはまた能力が有効活用されている姿でもある。公平な取り扱いや処遇とは、能力を正しく評価し、能力に応じて仕事と賃金などを決定していくことによって実現されるものである。そして、高い成果の実現は、まさしく人事考課と目標面接の理念とするところでもある。自己主張は、目標面接でいうところの参画そのものである。参画するということは、日常の職務活動を通じて自己主張が行われている状態であり、それはまた能力が有効活用されている姿でもある。目標面接では参画とともに能力開発は"動機づけ"のファクターとなっており、動機づけによるやる気の深耕をねらったものである。このやる気は、人事の理念とする働きがいや生きがいに通ずる。公平な処遇についても、目標面接での役割設定とその業績配分という考え方がある。これなども、貢献度によって公平な処遇をという一端を示すものとみなしてよいであろう。なぜ評価があいまいになるかの原因の一つに対話の問題がある。きちんと評価するためにも、また評価に対する説明責任を容易にするためにも対話が必要である。

3　マネジメント・サイクルからみての関係

次にＰ（プラン）―Ｄ（ドゥ）―Ｃ（チェック）―Ａ（アクション）のマネジメント・サイクルの観点から両者の接点をとらえてみる。

(1)　"プラン"の段階

人を育てるのは、仕事の与え方とその質と量で決まる。まさに"人を見て法を説くである"。

能力主義では、能力評価の基準となるものを能力期待像（等級基準）という。この等級基準は、会社が社員に対し、期待し求める習熟と修得の内容とレベルの"能力期待像"の明細区分であり、それが職能資格制度である。それともう一つ、状況下で個々人に期待し求める役割（職務基準）がある。これはそのつど上司と部下が話し合って設定、確認される仕事と目標の"役割期待像"である。

さて、人事考課では、上司と部下が話し合って役割（職務基準）を決めることから始まる。どのように役割が決められていくかというと、まず上司は部下を集めてあらかじめ確認された会社（部門）の計画、方針つまりビジョンを示し、それに基づいて部下一人ひとりに職責つまりミッションを与える。職責を受けて部下は具体的行動計画つまり目標を立て、それを上司に提案して徹底的に話し合い役割（職務基準）が確定する。

人事考課が部下のレベルアップをねらいとしている以上、上司が部下に示す職責は、部下にとってかなりチャレンジ的なものとなる。

与えられた職責に対する部下の目標つまり具体的行動計画は、双方が十分に意見や考えを述べ合い、互いに納得、合意に達するまでひざ突き合わせて話し合う。職責は、一つひとつの課業＝タスク（分業分担すべき作業課題）として与えられるが、話し合いの中では、具体的に何を（"どんな仕事を"）と達成基準（"どれだけ""ど

のくらい""いつまでに")と遂行基準("どのように")について、互いに納得、合意に達するまでとことん話し合う。特に上司は、組織のおかれている状況、自らの考えを明示し、それを部下に理解させることに努力する。また、上司の方針は部下にとっては行動基準となるものであり、部下が一つひとつの課業を遂行するための具体的行動計画（手順や段取りなど）を立てるときのガイドラインとなり、遂行基準となる。したがって方針を示さなかったり、示したとしてもそれがあいまいだったりすると、いくら職責について突っ込んだ話し合いをしても、効果的に役割の設定や遂行がされないままに終わってしまうことが起きる。これが役割（職務基準）の決め方である。

　人事考課における職務基準は、上司から部下へとブレークダウンされたものに部下が提案した目標を加え設定する。したがって、会社目標と職務基準との関係を表すと、各人の職務基準の総和≧全社目標 となる。

　人事考課における職務基準の設定は、このように部下が参画し、上司と話し合い、納得と合意によって部下がそれを引き受けるという手順をふむが、この手順は、目標面接で可能となる。

(2)　"ドウ"の段階

　役割（職務基準）の詳細さえはっきり確認できれば"後は思うようにやれ"というわけにはいかない。職務遂行段階では、何事もなく思われる状態であっても、常に部下一人ひとりの行動をつぶさに観察し分析し、記録しておかなければならない。この観察、分析、記録は、次の段階での能力分析とフィードバックのためにも、どうしてもやっておく必要がある。管理者として、自分の部門内外で何がどうなっているのか、そのすべてを観察して掌握する。つまり、中間点でのチェック、これがまずこの段階における第一に重要な仕

事である。

　観察、分析の結果、部下が何か問題を抱えているようであれば、状況を確認したうえで共に解決にあたり、解決のための示唆、助言、指導をするといった手を打つ。自分の示した方針やルールから逸脱しておれば矯正し注意しなければならない。部下にとって役割（職務基準）が挑戦的なものであるだけに、上司の強力な後押しはどうしても欠かせないものとなってくるし、事と次第によっては役割（職務基準）の修正も考えなければならないであろう。特に役割（職務基準）の設定段階で、部下と取り交わした約束があれば、それの履行もしなければならない。そして何よりも大切なことは、部下に対する OJT（on-the-jobtraining）である。職務遂行過程で部下のレベルアップを図るよう、上司と部下が共に努力する。

　これをやらないと期待能力像の等級基準に不足するところは埋まらないのみか、役割（職務基準）を達成することもできない。人事考課のねらいはまさにここにある。以上が人事考課におけるプロセス管理のための中間面接である。

(3) "チェック"の段階

　結果の評価については、人事考課の場合、目標面接で確認した期待役割像（職務基準）、期待能力像（等級基準）を絶対基準として、どうであったかを評価し分析する絶対考課として行われる。話し合って確認された職務基準の達成度評価にあたっては、部下自身も自分がやったかやらなかったか、どの程度やったかについて自己評価することが可能となる。上司は上司の立場で、部下に期待し求めたものについて、部下がやったかやらなかったかが評価でき、その役割の達成度評価を具体的材料として期待能力像（等級基準）をどのレベルまで満たしているか満たしていないかについて、期待能力の充足度を公正に分析できる。

⑷ "アクション"の段階

　評価の結果は部下に伝え、次のステップアップへつなげなければならない。それがフィードバックである。話し合いは、結果云々では困る。結果にいたるプロセスとその原因についてのやり取りでなければならない。

　評価結果について、その話し合いの中身は、上司の観察、記録と分析等からのフィードバックであり、加えて、部下の思い、提案を求めながらの、今後の事態の改善を図るための解決方法等といった内容となる。具体的には、部下の今後の能力開発課題や、啓発の方法、そして次の仕事の与え方、させ方などの職務改善が含まれる。このように人事考課のプロセスをみると、そこには目標面接が深くかかわりそのプロセスはP―D―C―A（Plan-Do-Check-Action）そのものであり、その理念とするところも同じであることが理解できる。さてそれならば、あえて両者を分け隔てすることなく一本化して運用していったほうが、すっきりするのではないかといった見方も出てこようが、それは運用していく側の問題である。両者を全く統合したかたちで運用化を図ることは、理論的にも実際的にも可能である。またそれぞれの企業には、その企業ならではの事情といったものがあり、それを度外視して論ずることはできない。現状から考えて人事考課は人事考課、目標面接は目標面接として機能させることに問題がなければ、両者は両立することだけは確かである。ただし両者を両立させる際に留意すべきことは、運用上の齟齬をきたさないよう十分に調整し、従業員を戸惑わせたり、管理者と部下双方にとって余計な負担とならないように配慮し、運用面の工夫をしなければならない。人事考課だけに限っていえば、人事考課には人を育てるという育成機能と、ポストや報酬などの限られた資源を貢献に応じて分配し、貢献へのモチベーションを高める機能がある。

人事考課というと"査定"のイメージが強いがそれだけではない。そこには評価の側面と査定の側面そして面接の側面もある。その意味で人事考課の存在価値は高まりこそすれ、決して低くなることはない。以上述べたとおり、人事考課と目標面接の関連はマネジメントそのものであり、冒頭で述べた五つの課題に対応しうることはあきらかといえる。かつ、そのねらいとするところは、目標管理のそれでもある。そのへんの関連をまとめたのが図─1である。

4　目標面接や人事考課がうまく機能しない要因は何か
＜定着をはばむ三つの要因＞

　最近、人事考課や目標面接に対する関心が一段と高まりを見せつつあるが、他方、せっかく人事考課や目標面接を導入しても、所期の成果をあげえず、定着はおろか、成果をあげえないままに消滅してしまったり、形骸化している前例も決して少なくはない。そこで今後、人事考課や目標面接をより効果的に運用していくためにも、なぜ成果を上げるに至らなかったか、その原因について一考を加えておきたい。なお原因の分析については、人事考課、目標面接に共通するものをとりあげた。

(1)　"やった、やらなかった"の結果偏重に走りすぎ、ためにその結果と因果的に関係する能力開発が等閑視されたこと

　人事考課には二つの機能がある。その一つは人を育てるという育成の機能であり、もう一つは貢献に応じて処遇し貢献への意欲を高める機能である。そのための人事考課として相対考課と絶対考課がある。処遇への反映は、いうなれば結果を査定し、差をつけていこうとする選別の論理でありそれは相対考課で十分である。選別の論理が先行し、それが支配的な組織においては、能力開発、活用よりもむしろ成果に対する処遇への関心が強く働くようになる。それは

図－1　人事考課とマネジメント

		指示・命令	統制	検査	査定
ワンウェイマネジメント	上司役割	指示・命令	統制	検査	査定
	部下役割	服従	従順	疎外	マル秘
マネジメントサイクル		Plan	Do	check	action
		目的思考	プロセス思考	結果思考	原因思考
	機能的特徴	・ミッション共有 ・職務編成 ・役割設定・確認 ・目標面接	・調整、実行支援 ・問題の早期発見と軌道修正 ・中間報告	・相互（上司と自己）評価（達成度） ・合議（1次～3次）評価（充足度）	・組織開発（能力開発と事態改善） ・フィードバック（事態改善） ・育成面接
ナレッジ・マネジメント （トップダウン・共同作業・ボトムアップ）	上司役割	・情報の提供 ・職責の明示 ・目標値の設定、確認 ・上位職との連携 〔実行計画〕 ・役割目標の設定・確認（・業務目標・マインド目標・啓発目標）〔チャレンジシート〕 情報の共有〔ミッションシート〕 ・コミュニケーション	・遂行状況のチェック、助言モデル ・指示、指導の向上 ・部下の意見、不満の聴取 ・調整（応援、支援）	・上司評価 （検査、点検、測定、照合、調整、是正） ・役割の遂行（成績と業績） ・能力の評価 （知力、気力、体力）（実力＝コンピテンシー）	・育成プラン（OJT、OffJT、SD） ・職務改善（配転、異動） ・処遇への反映 ・能力開発（職務の充実、職務の拡大） ・見直し ・報告、対策
	部下役割	・参画、職責の自覚 ・主体的行動計画（目標）の提案（自己申告） ・役割目標の設定・確認	・援助的話し合い ・職務の遂行 （上司→援助） （部下→実行） ・パートナーシップ	・自己評価（セルフチェック） ・自己反省と検討	・報告、連絡、相談 ・啓発プラン ・改善提案
			オーナーシップ		

16

いわば差別と競争の集団である。せっかくの処遇への反映にしても、衣食足りて礼節を知るようになった今日においては、従業員の理解と納得は得られず、効果は半減してしまう。企業がより高い業績や成果を期待するならば、まずもって、育成の考え方の先行があってしかるべきである。育成の論理は、まず個の尊重—個に目を向け、個をあらゆる角度から見つめる—精神を基盤とする。個々人をそれぞれの位置づけに応じて、期待し要求される期待像に育て、適材適所で力を発揮させる。これが育成の論理の絶対考課といわれるものである。そしてその際大切なことは、"個をあらゆる面からみつめる"という考え方である。

　野球はご存知のとおり九人でゲームをやる。打順も一番から九番まであり、それぞれの打順に応じて期待し要求されるものが違う。トップバッターと、四番バッターとして期待される選手とでは、練習方法も違うだろうし、コーチの指導方法も違うはずである。チームが期待し要求するトップバッター像、四番バッター像に対して、選手の現状からそれぞれ何が不足しているかを明らかにし、それに対して練習メニューが組まれる。同じ野球の選手だからということで、同じバットで、同じバッティング練習にのぞませるような、十把一からげの指導方法をとらない。これが育成の基本である。

　目標面接の場合も、この育成の論理が確立された状態においてこそ、より高い業績への期待がもてることは明白である。目標面接は、OJTやコーチングの最たるものだといわれているが、たてまえはどうあれ、OJTの実態が今述べたような、個をあらゆる角度からみつめた、しかも期待し要求する能力期待像や役割期待像が明確化された条件のもとで行われてきたかどうかを問題としなければならない。同じ位置づけにあり、同じ仕事をしていても、個々を見つめていくと期待し要求される期待像に対する育成の必要点はみな違う。そのような育成の必要点を満たす能力開発、すなわち育成の論理が

浸透しないかぎり、人事考課も目標面接も実を結ぶことの期待は持てないであろう。

(2) 目標の意味や、目標の果たす役割などが本質的に理解されていなかった

　人事考課においても目標面接においても、役割「職務基準」をいかに設定していくか、これにすべてがかかっているといってよい。そして上司である管理者が最も苦慮させられるのも、実はこの点にあるのである。

　目標を設定していくにあたってまず考えなければならないことは、個々人の、目標に対する自己所有感、わが事意識、オーナーシップをいかにもたせるかということであろう。人はその目標に対して自己能力感（いまの自分の力ならばなんとかやれそうだ）、自己決定感（よし、なんとかやってみよう）を抱いたときに、達成に向けて始動し始めるといわれている。目標の設定は、上司が部下に一方的に与えるのではなく、面接によって話し合い決めていく。したがって目標設定には、部下に自己関与、自己決定させ、"やるぞ"と自己決定したことを、はっきり"やります"と自発的に公約させなければならない。それを公約させられないまま達成にのぞませようとすると、それは目標ではなく、ノルマ化してしまう。目標という概念は、本来、当人の所有感に裏づけられたところのものであり、自分がやろう、自分がやりたいという個人の欲求から生まれ出た、欲求充足行動の標的である。だから、当人の所有感という裏づけのない目標というものは存在しないのである。

　部下があくまでもそれを押し付けられたと受け取れば、部下にとってそれはノルマでしかない。部下にとって、他人の目標、上司の目標としての意味しかないのである。目標を設定する際の話し合いにしても、育成の論理が浸透している環境と、そうでない環境とでは、

話し合いそのものがかなり違ったものとなるであろう。同じ目標を設定するにしても、成果重視の場合は、「査定」という二字が部下の頭の中を行き来して、納得、合意に難渋を示すかもしれないが、これが前者の場合だと、自己充足に結びつくということで、部下自身にとっても合意しやすいということが考えられる。これこそ部下にとっては働きがいの実現になるからである。また、ここにだれもがいやがる仕事があるとする。やる人がいないからといってやめてしまうわけにはいかない。だれかにやってもらわなければならない。そのときそれを、ノルマにならないよう、いかに部下に納得、合意させるか、そこが管理者の腕の見せどころということになる。

　一般に、ノルマをノルマでなくするための話し合いでは、これを即選別に結びつけていこうとするアメ・ムチ方式では、もはや通用するものではない。"やってくれた者にほうびをとらす"といったアメ・ムチの効き目があらわだった時代はとっくに過ぎ去ってしまった。今は物質的に恵まれた環境にある。むしろ個の質的充実をねらった働きがい論に立っての話し合いのほうが、部下の納得と合意は得られやすいと考える。

　次に目標は、今期あるいは今年度の通過点であり、ひとつのゴールには違いないが、目標設定にあたっては、単にその通過点やゴールだけを示すのみでは不十分である。さきほど野球を例にとったので今度はマラソンを例にとって説明してみる。マラソンで、ゴールだけを示されて、"走れ"とひと言いわれただけでは、ランナーはどこをどう走ってよいのか困惑するであろう。コースが示されるからこそペース配分も考えられるし、あの坂道をどう走るとか、ゴールに達するまでの作戦が立てられる。そしてこの作戦もランナーの持ち味によってそれぞれ異なる。ランナーはゴールだけでなく、コースを示されることによって、ランナーそれぞれの独創性をもって走ることができるのである。

もちろん企業活動は、マラソンそのものとは違う。個々人によってゴールも違えばコースも違う。そこで個々人に対しゴールを定め、コースを決めていかなければならない。それをどのようなかたちで示すかというと、次の図─2のように構造化して示すのである。
　役割（職務基準）の構造化とは、「何を」、「どれだけ・どれくらい」、「いつまでに」というゴールと「どのように」という達成手段を明確化することである。

図─2　役割の構造化

職務編成	達成基準	遂行基準
何を	どれだけ どのくらい いつまでに	どのように
・具体的な仕事の内容、項目など（課業、成果項目）	・期待するレベル、目標とするゴール （計量化、定性化、スケジュール化）	・すなわち「コース」達成手段、方法、行動基準など

　今まで多くの場合をみると、何を、どれだけ・どのくらい、いつまでに、などについては明確化する努力がかなりなされてきたようではあるが、どのようにという達成手段、すなわち遂行基準を明確化することが抜けている。
　実は、この"どのように"という遂行基準が目標達成の決め手となるのであり、この"どのように"について上司がすべて部下任せとし、関与しないのは全くまずい。これについて部下に任せっぱなしにするから、とんでもないコースを走り出したり、ペース配分を誤ったり、走り方がまずくてダメでしたとなるのである。もちろん"どのように"を部下に一任しても、問題のない場合もあるだろう。しかし、今日部下に期待する目標は、決してなまやさしいものではなく、相当にきついはずである。その目標に向かってチャレンジす

る気を起こさせるには、部下に"なるほど、こうやればなんとかなりそうだ"という見通しを実感としてもたせなければならない。その意味からも遂行基準を部下とともに考えることは必要である。またどのようにという遂行基準は、部下の能力開発上極めて重要な意義をもつ。部下の育成の必要性に応じて一つひとつの課業や目標について遂行基準を明確にしていく。遂行基準が適正なものであれば、部下は正しい仕事の方法をより早く身に付けていくことになるだろうし、成長にとって好ましい経験を積み重ねていくことになる。反対に遂行基準が不適正であれば、部下の成長には結びつかないし、やり方のまずさから目標を未達成に終わらせてしまうだろう。このように考えると、目標設定にあたり、遂行基準について徹底的に話し合うことが一番重要な側面となってくる。

(3) 「仏」はつくったものの魂を入れないで運用してしまったこと

従来の権威主義的マネジメントと、今述べている人事考課や目標面接とでは、コンセプトそのものが本質的に違う。その違いが関係者に理解されないうちに、形だけが一人歩きしてしまったために、いっこうに成果らしいものが上がらず、ために自然消滅してしまったとか、形だけはどうにか残っていても形骸化してしまい、かえって上司、部下双方にとっての負担となっているケースも多い。

人事考課も目標面接も、従来の指示・命令―統制、結果偏重のマネジメントからの頭の切り替えや、管理行動の変容を求めるが、それは口で言うほどたやすくできるものではない。人事考課や目標面接の導入にあたって、まずぶちあたる壁はこれである。「人事考課制度を導入し、目標面接も見直し、新しいチャレンジシートや人事考課表もできました。規定もでき、通達も出しました」という程度で、「わが社にもいよいよ能力・実力主義人事制度が確立されまし

た」とはいかないのである。従来から身についたアカを落とし、意識を払拭するための意識改革、例えば考課者訓練などを反復、継続実施し、管理者の頭の切り替えをおこなっていかなければならない。

　考課者訓練では、考課上のテクニックもさることながら、管理者としての人の扱い方、仕事の与え方、人の育て方などのスキルの向上を徹底的に図るのである。そこに考課者訓練が、ベーシックな管理者訓練であるといわれるゆえんがある。形をいくら変えても、またいくら形のいいものをつくっても、運用にあたる当事者の意識が変わらないかぎり、制度がだめにされてしまう。

　長い間、指示・命令によるマネジメントに管理者は慣れてきたし、部下も上司の指示・命令に限定し、統制には従順することに慣らされてきた。だから目標設定に際し面接し、話し合うポーズをとってはいても、話し合いの内容は従来の指示・命令というパターンの延長で行われ、部下のほうも、それに服従、従順という従来のパターンの延長で、「ハイ、わかりました」と応える。

　そのような部下の応答に対して、上司が部下と納得、合意が成立した、目標に対する部下の公約が得られたと思ったとしても、その当事者だけを責めるわけにはいかない。人事考課や目標面接を導入し、定着を図るには、それらが適正に運用維持されるだけのマネジメント能力のレベルアップに加えて、企業環境の整備が必要である。

　仏つくって魂入れずは、まさに運用にあたる管理者自身の育成の論理に対する意識の欠如か弱さを如実に象徴している姿ではないかと思うが、先のみえない変化の時代こそ特に目標面接を推進することが重要である。革新と創造の時代といわれる中で過言ではあるが対話が新しい価値を生むと考えてもよい。

Ⅲ これからの人事戦略

　人事管理の命題は"人"と"仕事"と"賃金"という3要素の成長・高位・均衡にある。つまり最高の人材に育て上げ、その人材に最高の仕事をやってもらい、賃金も最高とする。これが、まあまあの人に、まあまあの仕事、そして賃金もまあまあでは、均衡はとれているとしても問題である。3要素を最高にすることで人事管理の命題である社員の働きがいと企業の生産性向上を実現することが可能となる。

【人事管理の理念…成長・高位・均衡】

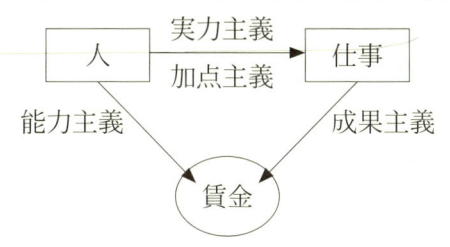

```
          実力主義
    ┌─┐ ────────→ ┌──┐
    │人│            │仕事│
    └─┘ 加点主義   └──┘
      \              /
   能力主義       成果主義
        \          /
         ╲       ╱
          ╲    ╱
          ⌒賃金⌒
```

　ところで、このバランスをとるときどこに軸足をおくかだが、それは二つある。人基準と仕事基準である。人におく場合、その人の能力を高め、そのインプットの高まりで賃金は決める。仕事はその人がクリエイトする。これを能力主義という。一方、仕事におく場合、仕事を標準化してその仕事の価値を決めておく。その仕事を通じてアウトプットが生まれる。これが成果主義である。今日、社会経済環境の質的変化の中で今まで続いた人間基準である能力主義の抜本的な見直しが求められているが、その方向は好むと好まざるにかかわらず、成果主義の方向にある。問題はこの成果主義をこれからの人材戦略としてどう位置づけるかが課題となる。つまり能力主義を捨てて、完全に成果主義にするのか、それとも能力主義と成果主義を調和させていくのかだが、結論は後者の成果主義と能力主義の調和である。短期間でしか出せない成果では困る。長年にわたっ

て土地を耕し種を蒔き、そして肥料をやって、ようやく花を咲かせていくがごとしの研究開発や人材育成には不適である。質的変化の成熟化が進む中で能力の向上、特に知恵は一層求められてくる。一方で一人ひとりの個性化や個の確立も進む。人間は有史以来、社会的生きものであり、集団の中で役割分担しながら相互依存し合い、生存する知恵を身につけてきた。つまり自己を活かすノウハウを習得してきたわけである。したがって、人自身が集団の中においてこそ個性をよりよく活かすことが出来るのだということを、一番よく理解していると考えたい。そこで従来の人間基準の能力主義についても見直すべきところは見直し、環境の変化や多様化に十分対応できるよう選択肢の多いシステムへ充実、高度化していかねばならない。次に、成果主義は本来、仕事基準である。そこで能力主義と成果主義の調和をとるといっても、それをたとえていうと、木に竹を接ぐかのようなことでは困る。人は人材である。であれば材としての木の延長で考えねばその効果は半減することになりかねない。人間基準の能力主義は、人が仕事を創造することによって組織運営の柔軟性を維持し、そこで仕事する人達の一体感と連帯感を高め、和を重んじる組織文化を形成してきた。このような基盤は失いたくないし、また失うべきでない。こうしたわが国の組織風土と融和させるには、人材の育成を基点とする人間基準であることが望ましい。つまり日本型成果主義との調和である。

1　能力主義の柱"職能資格制度"の再編

　わが国の人事管理の趨勢は、従来からの年功人事が徐々に崩れ、能力主義へと脱皮してきたことは周知のとおりである。ところで、この能力主義の"心"つまり考え方を"形"にしたものが職能資格制度であるが、それは、従業員の職務遂行能力の発展段階に応じて、適切な等級づけ（職能区分）を設け、それをベースとして、より効

果的な能力開発、能力の活用、さらには能力に応じて処遇をおこなおうとするものである。

　このように職能資格制度は社員成長を促進するものであり、従業員一人ひとりの能力の開発とその有効活用、さらには年功・職階に代わる処遇システムなのである。

　しかし時代は変わった。低成長時代に入り、各企業は、生産、販売活動の量的拡大が期待できない経営環境の中で、生存競争に真っ向から対峙せざるを得なくなってしまった。ちょっとした経営上のミスも許されない、まさに一転び一コロのご時世となってしまったわけである。加えて出生率の低下により近い将来、構造的、慢性的人材不足時代に直面しようとしている。

　そこで企業にとって一人でも多くの、より優れた人材を求める声が日増しに大きくなっていくのも当然である。昔は十年かかってやっと一人前が、今はその何分の一かでという願いは、現場をあずかっている管理者が一番強く感じているところではなかろうか。

　とはいえ、わが国の雇用慣行である終身雇用制は、時代の移り変わりを背景に、徐々に様変わりしていくものと思われる。しかし、この終身雇用制が、共同体原理であるわが国の社会や会社の中で完全に消え去るものではないし、むしろ今後とも堅持されてしかるべきとの考え方もある。このような雇用形態の変化の中で、いかに人材を育てていくかが、今や企業に課せられた最大の課題といっても、決して言いすぎではないのである。それにはいかに人を育てていくか、その人の持てる力をいかに有効に活用していくかの仕組みを企業のシステムとして確立していくことが先決である。能力主義を具現化する受け皿のないところに、いくら口先で唱えてみても、真の能力開発とその有効活用は実現されるものではない。

　能力主義を確立していくためには、まず職能資格等級フレームを用意して、わが社のこの位置づけにあるものには、こういう内容と

レベルの仕事をやってもらいたい。そのためには、こういった内容とレベルの能力を身に付けてもらいたい、といった各人に期待し要求する期待能力像を明確化すること、つまり人材開発の基準づくりから着手しなければならない。そのうえで、それをターゲットとしての評価を行い、能力の開発を促進する。さらには一人ひとりの意思、適性を認めた、多能化、専能化のためのキャリア開発やジョブ・ローテーションをおこなったうえでの異を認めた人材育成と活用システムを構築しなければ、能力主義の定着は図れない。

　変化の激しい今日、先取りを確実に出来る人材の育成は待ったなしであり、しかもそれは横並びでないわが社、独自の経営戦略から考える必要な人材であり、それはわが社で育てなければならず、その人材を外部に求めることは出来ない。企業を取り巻く環境は絶えず変化しており、それに対応するためには職務内容も臨機応変でなければならず、そのための柔軟な人材戦略が求められ、それを確実なものとするのが「職能資格制度」なのである。しかし、低成長と高齢化、IT化に代表される構造改革などの今日、下方硬直性の高い賃金体系ゆえに生じる人件費の問題、そして能力は高いが実力は低いといった、いわば能力と実力のミスマッチの現象が起こっている。能力に実力が伴わないときに能力で賃金を決めることは適正人件費からいっても問題である。ここに実力で決める賃金への修正が求められているわけで、それは成果主義賃金への転換を意味する。そこでこれからは先述したような能力主義と成果主義の調和から能力「職能資格」と実力「実力等級」の両者をかみ合わせた人材の育成と活用そして処遇システムが求められる。それは「資格別実力等級制度」と名づけられるものである。さらにまた今日、個人と企業の関係が変わろうとしている。これまでは企業の論理から人を判断し、必要な能力をつけさせる考え方であった。しかしこれからは一人ひとりの目的や使命と企業の目的と使命の繋ぎを考えなければな

らない。人生に目的と使命を持たない人はいないし、その目的や使命をよく知り合うことなしにそれぞれの可能性を十分に引き出すことは出来ない。また今後予想される人材流動化時代にはインターナルなシステムだけでは機能不全となる。内部管理型では外部からの市場価値の高い人材の確保は出来ないし、逆に優秀な人材が流失することになりかねない。そこにはエクスターナルなシステムも当然必要となる。つまり企業内職能から、企業の枠を超えての横断的な職種ごとの熟練度の高まり（スキル別）と実力（実力等級）による人材の育成と活用つまり「職種スキル別実力等級制度」のシステム

（職能資格制度の再編）

	ねらい	基本フレーム	
職能資格制度	制度の急激な改廃は組織力を弱めかねない。まず本質的なものは変えずに組織運営上の戦略や年功制からの転換であれば、共通の管理・処遇軸としての職能資格制度がよい。	職能	等級
		管理専門	M―9 8 7
		指導監督	S―6 5 4
		一般	J―3 2 1
資格別実力等級制度	労務構成の問題、加えて先述したような経営環境下であれば能力と実力を区分したツーラダーの管理・処遇軸としての資格別実力等級制度が適する。	職能資格	実力等級
		H-Skill	VII
			VI
		Skill	V
			IV
		S-Skill	III
			II
		U-Skill	I
職種スキル別実力等級制度	職種間の異動がなく、かつ企業の枠を超えた職種や資格取得者集団の組織、例えば、医師や教授などは、業種別に横断的な管理・処遇軸としての職種スキル別実力等級制度が最適である。	職種スキル	実力等級
		H-Skill	VII
			VI
		Skill	V
			IV
		S-Skill	III
			II
		U-Skill	I
		（職種別に設定）	

化での対応である。

2　能力主義と成果主義の調和

　能力主義と成果主義を調和させるために、そこにはそれをうまく融和させる二つのものが必要となる。それは次表で見るように、一つは実力主義であり、もう一つは加点主義である。能力主義からいきなり成果主義ではうまくいくはずはない。たとえていうと、江戸から京都へ行くとなればまず品川を経て小田原へ、そして箱根の山を登らねばならない。そこで関所を通過したのち延々とした道中の結果ようやく京都にたどり着くことになるわけだが、まず小田原あたりまでは能力というエンジンで足を慣らしておいて、いざ箱根の山に登る段になったらそこで実力というエンジンに切り替える。そして関所という目標面接の場で目的などを打打発止して役割を確認することで、その成果を確実なものとすることができる。

【能力から成果への流れ】

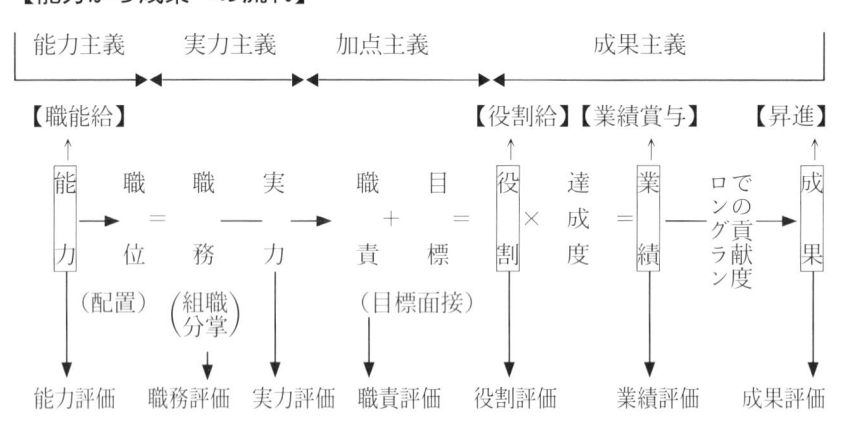

能力主義	実力主義	加点主義	成果主義		
【職能給】			【役割給】	【業績賞与】	【昇進】
能力	職位＝職務（組職分掌）―→実力	職責＋目標（目標面接）＝	役割×達成度＝	業績←ロングでの貢献度ラン	成果
（配置）					
↓	↓	↓	↓	↓	↓
能力評価	職務評価　実力評価	職責評価	役割評価	業績評価	成果評価

　成果とは実が成るということだが、その成果につながるためにしなければならないことがある。それは開花でありそれを促進するのが能力主義であり人事管理の基本となる。またそのとき、皆を同じ

色の花に咲かせるのでなく一人ひとりの個性を尊重して、それぞれの色の花を咲かせることが重要でありこれが加点主義となる。併せて、剪定して旨くて、大きい実をつけさせるため、うまい具合に組み合わせをおこなうのが実力主義である。

(1) 実力主義の導入

　能力は入社以来の社員としての蓄積能力の総量である。まず新入社員教育、中堅社員教育、そらには管理者教育など、そしてその間の職能研修としてのOJTなどで身につけたものである。実力は現に今役立つ発揮能力で、時価能力ともいう。能力主義の柱である職能資格制度は人材育成のラダーとしての性格を持つもので、長く勤務し習熟、修得を積み上げれば資格等級は上がっていく。これが能力である。しかし今日、高齢化、構造変革が進む中で、特に中高年層において能力と実力が必ずしも一致しなくなった。

　それは図―3で見るように、まず能力の陳腐化現象がある。IT化などの技術革新で、かつてのノウハウが使えなくなり現実への適応能力を欠くようになったわけである。能力はタンクに貯まった水のようなもので、上の方の水は飲めるが、下の水は飲めなくなるようなものである。また体力、気力の低下がある。加齢と共に体力が、気力が落ちれば能力はあっても動けなくなる。動機づけの問題もある。仕事の与え方、させ方や職場での人間関係などである。能力は高くても動機付けがしっかりしていなければ成果は期待できない。上司と部下がしっかり話し合い、各人の能力を現実の仕事に最大限に活かせるよう動機づけることで、能力と実力を同じものとすることが可能である。動機付けが弱いとどんなに能力があっても現実の仕事に向けて発揮させることは難しくなる。そして行動特性の劣化もある。状況への対応や、ものの考え方、行動の仕方などいわゆるコンピテンシーの問題である。この行動特性が劣化すれば蓄積した

能力を現に発揮することが出来なくなる。このように構造変革、高齢化などによる対応能力の問題、そして配置や役割の不適切さや、行動劣化などがあれば能力は高くても実力は乏しいものとなる。だがここで大切なことは、実力も能力があっての話であり能力がなければ高成果の実現も期待できない。つまり基本は能力であり、これからも能力主義をしっかり強化して、そのうえで実力主義も考える。能力（コンピテンス）は"〜ができる"の保有的能力だが、実力（コンピテンシー）は"〜している"というように実証的能力をいう。

図—3　能力と実力のミスマッチ

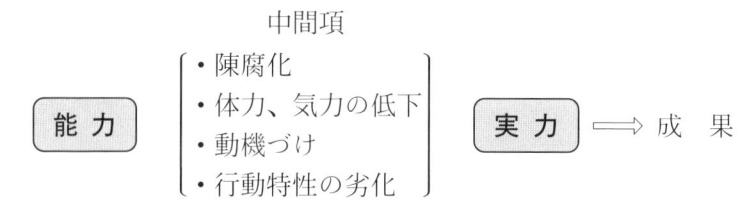

　　　　　　　　　　中間項
　　　　　　　　・陳腐化
　　能　力　　・体力、気力の低下　　実　力　⟹　成　果
　　　　　　　　・動機づけ
　　　　　　　　・行動特性の劣化

　このように能力と実力がミスマッチ現象を起こしている状況において、能力のみで仕事を与えたとき、その仕事での成果の期待は低くなるし、また能力だけで賃金決定をおこなうことは経営的合理性に欠け、社員からみた合理性も薄らぐことになる。ここに実力主義を導入せねばならない理由がある。

　そこで今後は、コンピテンシー評価を取り入れて、実力の把握を確実に進めていくことが求められることになる。

　　　　　能力：〜ができる　　　competence
　　　　　　　〔どんな能力を身につけているか〕

　　　　　実力：〜している　　　competency
　　　　　　　〔高成果実現のためにどんな行動をしているか〕

(2) 加点主義への転換

　君あれやれ、これやれの企業論理だけでの仕事の与え方、させ方でその仕事の結果を問うといわれてもそこでの納得性は弱い。今日は、これまでの皆と同じであることを善しとする時代から、多様性を求める時代に変わった。企業は団結力を求める一方で、創造力も求める。これはいずれも重要であるが、このことは明らかに矛盾する。つまりそれは社員の等質性と異質性の問題であるからである。しかしこれから組織の成果を高めていくためには"個"と"個"がぶつかり合って、個では得られない他とのかかわりでの相乗効果をあげていかねばならない。そのためには、異を認めた個を活かす加点主義人事が必要となる。これまでは企業の論理から人を判断し、必要な能力を付けさせる考え方つまり集団的能力主義であった。「右向け右」の社風の中で育ってきた人たちは、まず時代が変わったことを意識しなければならない。これまでの横並び主義から、世の中はより個性的で異質なものを求めるようになってきた。皆と同じ考え方しかできない者、会社の言うなりにしか出来ない人では困る。時代の変化に合わせて個人も企業も成長し変革していくことが、生き残りの条件となる。いい意味での個性を持った人、理念とか気概のある人がこれからの企業には必要である。人生に目的と使命を持っていない人はいない。そこでこれからは一人ひとりの目的や使命と企業の目的と使命の繋ぎを考えなければならない。お互いを知り合うことなしにそれぞれの可能性を十分に引き出すことは出来ない。今、最も求められているのは一人ひとりの主体性であり、指示待ち型でない人材の育成が企業にとって急務の課題である。また一人ひとりがやりたいと思うことが見つかる場、またその場を提供できる組織がこれからは伸びるし、そのための努力をすることが重要となる。成果主義は本人の意思・適性が尊重されて納得性も高まる。

そこで一人ひとりのチャレンジを高く評価し成果主義を確実なものとするために、自己申告制度や、企業ニーズで人材を募る公募制度、本人の意思でやりたい仕事、就きたいポストを選びとるFA（フリーエージェント）制度そして複線型昇進制度とアセスメント、さらには特に目標面接制度の導入整備は不可欠である。

第2章　人事考課制度

　人事考課や目標面接がいまひとつ定着せず、効果を上げ得なかった要因について前章で述べたが、要はそこに、基本的なものの理解不足があったことは否定できないところである。
　能力主義と成果主義時代の人事考課には、それにふさわしい取り組み方があり、進め方がある。その要諦をしっかり理解して、人事考課にのぞまないかぎり、質的変化の時代の人事戦略への脱皮は図れない。

1　人事考課に対する新しい認識

　時代は年功主義から能力主義と実力主義へとすでに動き始めている。そこで管理者たるもの、能力・実力主義時代にふさわしい人事考課についての認識をもってこれからの考課にのぞむことが求められる。では、その認識とはいったいどのようなものであろうか。その一つは、人事考課こそマネジメントそのものである―という認識をもつべきである。
　マネジメントは、本来目標達成のためのプロセスにおける管理者のあり方や考え方を表す概念である。管理者の職責は、組織の目標を達成し、期待される成果を上げることにあるが、マネジメントそのものは、目標達成、成果実現という目的に対する手段的要素としてとらえる。
　管理者がより多くの成果をあげ、より高い目標を達成するには、管理者自身が自己啓発に取り組まなければならないが、なによりも、部下一人ひとりの育成を図ることを役割の第一としなければならない。そして、この役割をいかに果たしていたか。管理者として、部下のレベルアップにどのように取り組み進めていったかの情報シス

テムが人事考課にほかならない。

　第二は、人事考課の評価の機能と、査定の機能の違いを理解して考課にあたるべきである。査定すなわち、賃金をはじめとする処遇に差をつけることが人事考課であるというイメージを抱き続けている人は少なくない。しかしこれは、人事考課の第一義のねらいとするところではない。そのへんの明確な区別を十分認識しておかなければならない。

　第三は、人事考課は部下の成長を促進するものであり、管理者にとって人事考課は部下指導そのものであり、そのための部下の成長記録でありモニターという認識をもつべきである。部下の能力の"棚卸し"が人事考課である。そのような認識に立てばこそ、職務遂行ぶりを観察、分析、記録し、部下を掌握しなければならないことの重要性が理解できるのである。人事考課は、管理者と部下とを結びつける"きずな"であると考えるべきである。

　査定を目的とした人事考課であれば、結果をフィードバックする必要もなく、またフィードバックしたとしても、考課そのものが、人対人を比較する理不尽な相対考課によるもので、これといった基準に照らして行うものでないだけに、部下を納得させることは極めて困難である。だからフィードバックすることをためらわざるを得ない。フィードバックすることによって、かえってさまざまな問題が発生し、上司と部下の関係をこじらせ、それが後々まで尾をひくといったことも考えられる。これに対して、部下の成長を促進する人事考課であれば、いささかのちゅうちょや懸念もなくフィードバックすることができる。そしてそのフィードバックを受けて部下自身も自己反省し、今後なお一層の啓発の必要性を改めて認識するようになる。

　そして最後に、人事考課はだれのものか——ということである。人事考課は管理者と部下との共同作業の結果、出来あがった「作品」

だと思うべきである。

　管理者が部下の行動の観察、分析、記録をするだけでなく、部下にも自分の職務遂行状況をふり返り、自己評価させ、己を気づかせる。この二つの関係がかみ合ってこそ、フィードバックがうまくいく。後述するチャレンジシートのなかに、自己観察、自己評価などのコラムをつくり、部下（被考課者）に記入させるようにしているのは、それなりのねらいがあってのことである。

　人事考課の中には、上司が部下に期待し要求したものを、部下がクリアできなかった要素ももちろんでてくる。部下がなぜクリアできなかったかについては、部下の努力に起因し、部下自身の責めに帰する部分もあるが、上司の責めに帰する面が少なからずあることも決して忘れてはならない。管理者のいたらなかったことをありのままに教えてくれる、管理者にとってまことに得がたい反省材料を提供してくれる。これこそ人事考課なのである。

　人事考課は、決して思いつきや行き当たりばったりでできるものではない。むしろ、毎日毎日、部下と接するそのときそのときが人事考課と思ってよい。

　そうはいっても、そこは多忙きわまりない管理者のことであり、部下のことばかりにかまっておられない、といった反論も出てこよう。しかし、ここでよく考えていただきたいことは、部下のレベルアップがどれほど管理者の負担を軽くしてくれるかということである。部下のレベルが低ければ低いほど、管理者にのしかかってくる負担は重くなる。部下が思うように育ってくれないと、育つのが待ちきれなくて、部下に任せたはずの仕事についつい口出しをしたり、自分で手当たり次第に片付けてしまう。管理者が仕事をやってくれるものだから、部下はいつまでたってもなかなか仕事を覚えようとしないし、能力も伸びないといった悪循環におちいってしまうのである。

管理者自身の悩みも、実はこのへんのところにある。部下に任せておいたのでは、上からの目標は達成できないから、自分がやらなければどうしようもないといった気持ちはわからぬではないが、これでは部下が成長できずいつまでたっても上司も部下も浮かばれない。当初は大変だとは思うが、この悪循環を断ち切る思いで部下のレベルアップに心血を注ぐことが肝要かと考える。

2　人材の確保と人事考課

　従業員が退職する理由についてしらべてみると、表向きは仕事が肌に合わないとか、自分の適性に合った職業につきたいからといったことになっていても、退職した人達に直接会って聞いてみると、意外と直属上司との人間関係上の軋轢によりやめたといったケースが少なくない。

　今日、終身雇用制の崩壊がいわれている。これは、一企業という枠組みの中で経験を積み、仕事を通して能力を高めていくところに特徴がある。そして終生その企業で働けるということが従業員に安心感を与え、その企業のためにという帰属意識をふくらませていくことにもなる。組織は人間集団であり信頼関係が基本でもある。たまたま会社を辞めてほかの会社へ行ったとしても、当人にとっては相当思いきった決断ということになる。

　会社に自分が貢献し、自分も成長し、会社も伸びていれば個人は会社を去ることはない。企業としてもその人が組織に貢献していれば引き止めるはずである。採用費をかけ、"この人物こそ、わが社の一員たるにふさわしい人物"として確保した人材の卵である。その人物に磨きをかけないうちに手放してしまうくらいなら、初めから採用しないほうがよい。いったん将来を託す人材として採用したからには、管理者の責任において育てねばならない。そのためには、常日ごろから部下をしっかり掌握し、部下個人をよく理解しておか

なければならない。これからの人事考課は、管理者と部下を、より強く結びつける関係の接点がますます必要となってくる。いくら管理者が優秀でも、部下の育成を怠ると組織は弱体化する。"和"を尊ぶ日本型経営が行き詰まったわけではない。今必要なのは一人ひとりの主体性であり、指示待ち型でない人材の育成こそ急務の課題である。実際に能力期待像を部下に浸透徹底するにしても、役割期待像は部門によっても違うし、しかも部下一人ひとりを見つめた場合、能力的にもレベルはまちまちであり、一律に設定するわけにはいかない。個人をあらゆる角度から見つめ、なおかつその個にふさわしい方法で徹底を図っていくことが必要とされる。その最も望ましいやり方が面接である。まさしく人事考課の成否の鍵は面接にあり、面接のシステム化、面接の実施なくして期待像の相互の確認や、職務遂行過程でのフォローアップ、結果のフィードバックなどを、的確になしうるものではない。

3　人材評価制度の拡充

既に述べたように人事管理の理念は、人と仕事と賃金の3要素の成長・高位・均衡にあるが、そのときのイベントに四つがある。評価、育成、活用そして処遇が、それである。

問題はこの四つのイベントを展開するとき何を拠りどころとするかだが、この拠りどころこそ人事・賃金基準となる。つまり何をモノサシとして評価したり、何をターゲットに育成するのか、またどういう基準で人を活かし、何に対して処遇するのかの基準が明確かつそれが同一であることが必要である。これがばらばらだと効率性が弱いし、また公平性も納得性も低くなる。同一の基準で四つを連動させることで人事管理の命題である社員の働きがいと企業の生産性向上を実現することが可能となる。

【期待像を軸とした人材育成・活用主義】

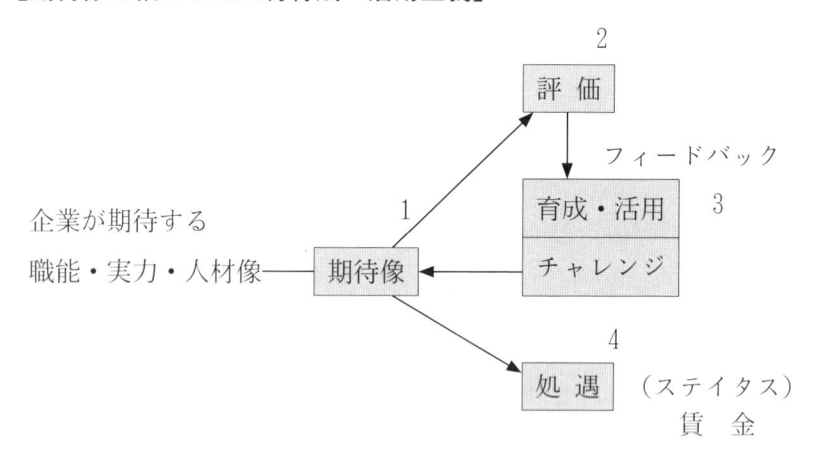

```
                              2
                           ┌─────┐
                           │ 評 価 │
                           └─────┘
                              │  フィードバック
                          1   ↓
 企業が期待する              ┌─────┐  3
 職能・実力・人材像 ──┌─────┐│育成・活用│
                   │期待像│├─────┤
                   └─────┘│チャレンジ│
                      ↘   └─────┘
                          4
                       ┌─────┐
                       │ 処 遇 │（ステイタス）
                       └─────┘  賃　金
```

(1) 人事考課の二つの側面

　人材の育成と活用をねらいとする能力・成果主義のもとで、一人ひとりの持ち味や行動特性、長所をより活かす実力主義、加点主義を目指すとなると、人事考課もそれに適合したものでなければならない。人事考課には二つの側面がある。相対考課と絶対考課である。一般に人事考課制度はポストや報酬などの限られた原資をその者の貢献に応じて分配し、さらなる貢献への意欲を高める機能と、人材を育て、業務改善をしたりする組織開発の機能がある。相対考課は前者にねらいをおくものであり、それは母集団の中で人対人の比較論のうえに成り立っている。どっちが良い、どっちが悪いかの相対考課は人間比較で理不尽なものでフィードバックも出来ない。質的変化の時代を迎え、企業はより良き人材を一人でも多く育てねばならない。一人ひとりに合った育成ニーズを明確にし、最も効果的な育成を計画的に進めることが肝要となる。場当たり的な育成では決して良い人材は生まれない。結果はいろいろな因子的要素（結果を生み出すさまざまな言動力やそれをプロモートする力）の集積であり、そこでの結果を今以上に期待するのであれば、どの因子的要素

の強化が必要であるかを明らかにし、強化の方法を考え、実践することが効果的である。その方法もいろいろあるが一人ひとりの能力開発は、その最たるものということになる。絶対考課とは、一人ひとりを見つめ、期待基準に照らし分析、評価して、クリアしてる者はさらに伸ばし、クリアしていない者についてはそれを改善する努力をし、人材としての資源的価値を高め、有効に活用していくことである。このように育成の機能を持つ絶対考課は、医師が患者を診察し健康管理にあたる行為と似通っていることから別名、健康診断型考課とも呼ばれる。人材の育成と活用を目指す能力・成果主義における人事考課の見直しのポイントは、まず絶対考課の確立である。能力主義を標榜して、人材育成の柱になる職能資格制度を導入しながら相対考課のままではそれは機能しない。制度は単なる道具であり、要は使い手がそれをしっかり使えるかどうか、つまり運用にかかっている。運用がまずくて道具を駄目にしてしまった事例は少なくない。道具が現状にマッチしていないのか、それとも道具の使い方を知らないのか、あるいは使い方がまずいのか、といった見極めも必要である。道具は心をかたちにしたものであり、わが社の心、つまり理念を再度確認し明確にすることも必要となる。わが社の経営哲学からくる人事理念、それの実現への道として絶対考課はどうなのかを問いつめてみることだ。いやしくも、他社がやっているからわが社でも、といった安易な導入では困る。システムがきちんと機能するためにはまずそれが企業の環境にあったものでなければならない。わが社のおかれている状況下で、いくつかのシステムが選択可能な場合には、当然わが社の持つ経営理念に合うものを選ばねばならない。横並びで、物真似指向の改革は、現場に目線のないやり方でもある。企業の強みとしてこれからも残すべきものは、潜在能力を含めた人材の能力開発であり、"企業は人なり"の人の育成を通じて企業も成長するという考えである。企業活動の原点は言わ

ずもがな事業活動であって、人間の優劣を競う場ではない。大切な人材に無意味な競争をさせて個人を追い込んだり、お互いの関係を悪くしたのでは元も子もない。

(2) 絶対考課の要件

ところで人事考課制度は、"不満が付きもの"といった問題がある。まず、考課制度の目的からその仕組みや内容までが徹底されていないことである。具体的には自分がどんな基準で評価されているのかも知らないし、その結果も知らされていない。そもそも上司の評価なんて信用できないという声、さらに自分の評価は、隣の同僚の評価に比べてどうも厳しい、甘い評価をする上司、辛い評価をする上司など評価者間でバラバラだし、出来れば甘い上司に評価されたい。どだい上司に評価能力があるのかと疑いたくなるし、内容に自信がないから評価結果のフィードバックもしてくれない。などいろいろの声がある。表現に多少の違いがあっても、人事考課の問題は次の三つに集約される。それは、公平性がない、納得性がない、そして透明性がないという指摘である。裏を返せば、考課制度にはこの三つの原則が絶対の条件だということでもある。この三つの原則を満たすためには図―4で見るように、基準の明示、フィードバックの完全実施、そして定期的な考課者訓練の実施がその要件となる。

図―4　評価制度の条件

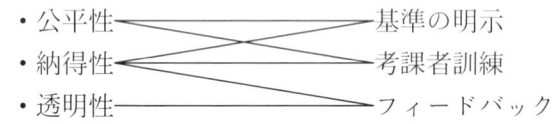

- 公平性 ――――――― 基準の明示
- 納得性 ――――――― 考課者訓練
- 透明性 ――――――― フィードバック

評価のための基準を明示することで、一人ひとりの公平性はもちろん、評価の基準に対する納得性も高まり、さらにフィードバックすることで評価の基準とその結果に対する納得性も透明性もクリアできることになる。加えて上司である考課者の訓練を実施すること

で、評価のスキル向上と上司間の評価に対する判断行動（価値基準）の調整が行われることで、公平性、納得性が可能となる。

そこでまず期待像を明示しないかぎり能力主義も成果主義も成立しないが、図—5のように企業の期待像は多岐にわたるもので、それは企業の経営戦略に基づいて示される。

図—5　期待像の種別

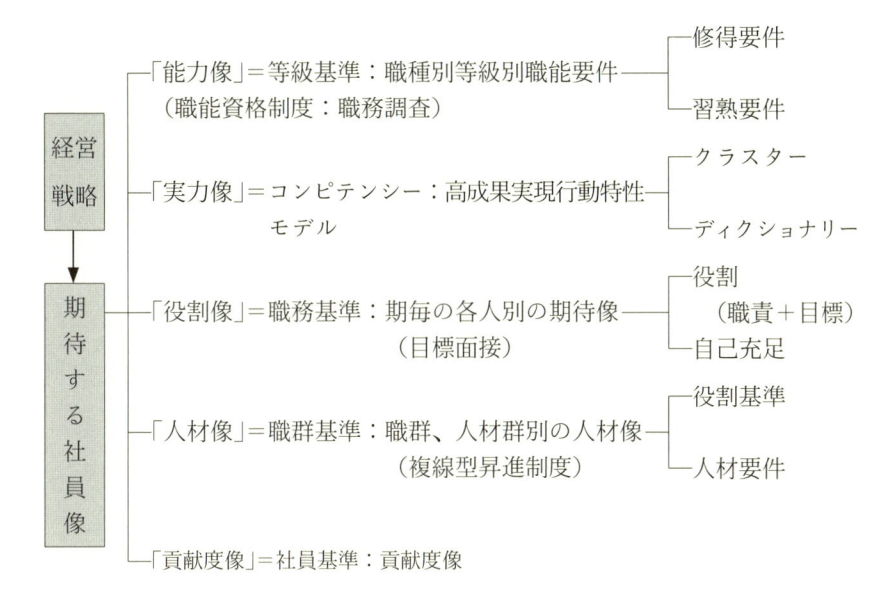

```
経営戦略
　↓
期待する社員像
├─「能力像」＝等級基準：職種別等級別職能要件──┬─修得要件
│　　（職能資格制度：職務調査）　　　　　　　　└─習熟要件
├─「実力像」＝コンピテンシー：高成果実現行動特性─┬─クラスター
│　　モデル　　　　　　　　　　　　　　　　　　　└─ディクショナリー
├─「役割像」＝職務基準：期毎の各人別の期待像──┬─役割
│　　（目標面接）　　　　　　　　　　　　　　　│　（職責＋目標）
│　　　　　　　　　　　　　　　　　　　　　　　└─自己充足
├─「人材像」＝職群基準：職群、人材群別の人材像─┬─役割基準
│　　（複線型昇進制度）　　　　　　　　　　　　└─人材要件
└─「貢献度像」＝社員基準：貢献度像
```

4　期待像の種別と明示

企業を取り巻く環境の変化からわが国の人事戦略は人間基準の能力主義から、漸次成果主義に切り替えざるを得ないが、それは能力主義をやめての成果主義だけではなく、能力主義と成果主義の調和である。成果主義は本来、仕事基準であるが、わが国の組織風土に合うように人間基準の能力主義の延長上での成果主義をとることが賢明である。能力主義と成果主義を調和させるとなると、そこに実力主義と加点主義が必要となることは先述した。まず、成果主義で役割とその成果を問うとなれば能力よりも実力を尊重するほうがそ

の役割での成果が期待できるからである。さらに本人の意思、適性を尊重しての配置、役割を考える加点主義でなければ、その結果に対する納得性は得られない。このように人間基準の能力主義とそれを基点とする人間基準の成果主義には、実力を重視して役割を決める実力主義、そして本人の意思、適性を尊重して役割を決める加点主義が不可欠でありその二つが決め手となる。

　そこで今後、このような能力主義、成果主義そして実力主義、加点主義を展開していくためには評価制度の整備、充実は避けて通れない。評価制度を整備するためには、まずわが社の期待する社員像を明示しなければならないがその社員像は、経営戦略に基づいて五つの形で示される。

(1)　期待能力像（等級基準）

　企業が期待し要求する能力期待像（等級基準）は、具体的な習熟要件、修得要件として示すことができる。その習熟要件や修得要件は、営業、生産、経理、人事といった職種や、四級、五級といった等級ごとの位置づけによって、当然違ったものとなってくるが、例えば、わが社の営業の五等級の者には、"こんな仕事をこのぐらい覚えてほしい"という習熟要件、またそのためには、"このような知識・技術を身につけてほしい"という修得要件があり、これらが明確化されることによって図―6で見るようにわが社の営業五等級に期待し要求される能力像が浮き彫りされるのである。この能力像、すなわち職能要件を職種別、等級別に全社的にとりまとめたものが等級基準である。

図―6　等級基準

営業：五級	習熟要件	修得要件
	仕事を覚える	勉強をする
	これらの明細（ディクショナリー）	
	課業名とその出来る度合い	・本 ・通信講座 ・資格免許 ・研修 ・試験など

(2) 期待役割像（職務基準）

　しかしながらこの等級基準は原則的期待像であって、これを各人に適用していくには、それぞれに応じた使い分けをしていかなければならない。例えば、ある会社の営業四等級のものを対象に考えた場合、その中には入社以来営業をずっと続けてきたA君もいるし、ごく最近、ローテーションのために他部門から営業に配転になったB君もいる。この両君を比べた場合、同じ営業四等級であってもキャリアの相違は歴然としているはずであり、同一レベル、同一条件において、職責を編成したり、期待基準（目標）を設定するわけにはいかない。A君にはまだしも、配転直後のB君には、むしろ1等級下の仕事、場合によっては2等級下の仕事で職責編成することを考慮しなければ、初めからB君には無理なものを期待し求めることになる。
　このような役割（職務基準）の決め方をし、その達成度評価に結び付けていくようなやり方を考えないと、だれも配転を望まなくなってしまう。配転することによって受ける不利は目に見えているからである。役割の達成度評価には二つの考え方がある。一つは役割のレベルを勘案しないで評価する考え方でこれを成績評価といい、もう一つは役割のレベルを勘案して評価するのを業績評価という。配

転直後は、成績評価は下がらないように役割（職務基準）を決めていくことを、上司は考慮すべきである。成績評価は、上司の仕事の<u>与え方次第</u>で決まる。ところが等級基準に対しての能力評価については、そうはいかない。明らかに当社の営業四等級であれば、期待し求められる能力像を満たすことが、四等級全員に等しく期待し要求されるからである。したがって、配転直後の能力評価は、どうしても下がらざるを得ないが、これはいたし方のないところであり、したがって配転直後の能力評価は一定期間の猶予も必要となる。その間、一日も早く当該等級の修得要件を満たすよう、その充足、レベルアップに全力投球をして指導、育成を急がなければならない。以上、配転直後の問題を例にして述べたが、同じ営業の仕事にしても、本社（店）や支店、営業所によって仕事の内容は異なる。また生産の場合にしても、同じものをつくっていたとしても、工場が違い、設備が違うと仕事は同じではないはずだ。そこで同職種、同等級のものであっても、場所的物理的条件が異なれば、その条件を加味した役割（職務基準）をあてはめていかないと、状況にそぐわないものとなってしまう。

　これではっきりお分かりいただけたことと思うが、能力（等級基準）の運用ならびに適用には、原則を損なわない範囲、程度において、その人、そのとき、その場所などに応じ柔軟な対応がなされなければならない。言い換えると、能力（等級基準）は、管理者の手によって、個々人に翻訳を徹底しなければ、血をかよわせることにはならないのである。役割期待像は目標面接を通じて向こう６カ月または１年間どのような仕事をどんなふうにやればよいか、またどんな能力開発を行えばよいのかといった内容を確認することになる。前者が役割であり、後者が自己充足となる。上司と部下の目標面接で、まず上司から職責が明示され、部下がそれにチャレンジ目標を提出して役割が決まる。

| 目標面接 |
↓
| 役割＝職責＋チャレンジ目標 |

(3) 期待実力像（コンピテンシーモデル）

　定義はいろいろあるが大別すると二分類できる。

　わが社の社員はどのような実力を身につけていなければならないかという視点で、職群別に恒常的に業績を上げる者の行動態様や、または、自社のブランドとしての社是、社訓をしっかり自覚してそのブランドの約束を果たすために何をすればよいかといった価値観や行動基準を明らかにする。前者を業績連動型、後者を理念連動型という。恒常的に業績を上げる者の行動態様のモデル化は、社内において高い成果を上げている者をインタビューしながら、その者の行動を分析し、文書化すればよく、社内の価値観や、行動基準のバリューモデルは、委員会で検討し設定すればよい。いずれにしても確実な成果を期待するためには人間関係を重視するコンピテンシー、モチベーションを重視するコンピテンシーのモデル化が望ましい。

【コンピテンシーの類型】

	設計の意図・ねらい	主な活用	モデル基準
業績連動型	高成果者の育成	職務マッチング、配置	高業績者（ハイパフォーマー）
理念連動型	企業文化の創造	行動変革、組織能力のアセスメント	企業理念、事業戦略

　そこで高成果者育成にしても企業文化創造にしてもその行動特性を単なる作文ではなく、それは実践的な再現性能力の具体的な行動として"何を""どのようにする"の形で要素ごとに行動短文を用意して「コンピテンシーモデル」をつくりあげねばならない。

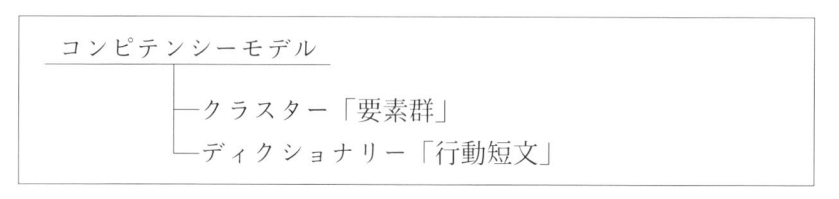

```
┌─────────────────────────────────────────────┐
│ コンピテンシーモデル                        │
│         ┌クラスター「要素群」              │
│         └ディクショナリー「行動短文」      │
└─────────────────────────────────────────────┘
```

　なお成果は企業理念、企業戦略や個人の能力、コンピテンシーそしておかれている環境とやる機会の組み合わせで決まる。コンピテンシーは行動の部分を基準化して評価するが、その行動という現れた部分だけを管理してもコンピテンシーは弱い。期待する価値観を持つ能力を引き出す組織風土があるかどうか、価値観を共有化した人達がどう相乗効果をつくり上げるか、特に対人的環境の職場内人間関係が重要となる。このように成果は図―7で見るように、①と②と③の組み合わせ次第である。行動科学の創始者といわれるK.レヴィンの行動方程式にB＝F(P・E)がある。これは人間の行動（Behavior）は、その人の人格（personality）と彼を取り巻く環境（Environmemt）をかけたものとある。BはPとEを変えることで違う。特にEを変革していくことがより大きな意味をもつ。

図―7　成果

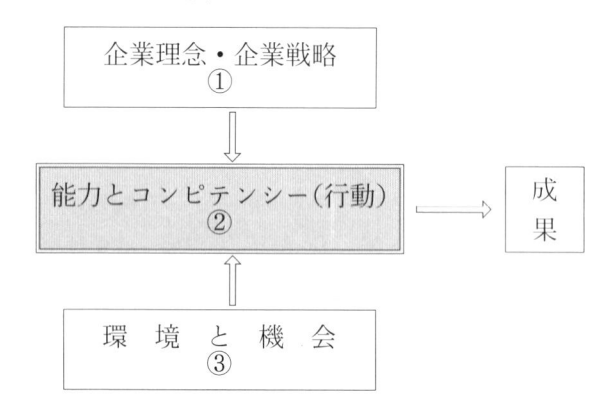

```
      ┌─────────────────────┐
      │  企業理念・企業戦略 │
      │        ①           │
      └─────────────────────┘
                 ⇓
      ┌─────────────────────┐      ┌────┐
      │ 能力とコンピテンシー(行動) │ ──→ │ 成 │
      │        ②           │      │ 果 │
      └─────────────────────┘      └────┘
                 ⇑
      ┌─────────────────────┐
      │   環 境 と 機 会    │
      │        ③           │
      └─────────────────────┘
```

(4) 期待人材像（職群基準）

　職群というのは複線型昇進制度を導入し、そのフレームの中での

管理職群、専門職群、専任職群の職群と、総合職群そして専能職群といった、いわば人材群をいう。現状によるコンピテンシーの発揮状況のみではなく、本人の意思、性格や価値観などの適性なども組み合わせて確認しながらキャリア開発と配置を検討するほうが人材が長期的に活躍できる可能性は高くなる。

この群別の期待像が職群基準である。その内容は図―8のように二つのもので構成される。

図―8　職群基準┬役割基準
　　　　　　　└人材要件…特に「キャリア要件」が大切

	役 割 基 準	人 材 要 件
管理職	部門総括、部下掌握育成	"総括・人材育成の名手" 判断決断力、統率育成力、細心の注意と万全の責任性、社会性、人間性
専門職	研究、企画、開発（商品、技術、情報、市場、組織）	"開発の名手" 高度な知識・技術、企画開発力、知的好奇心
専任職	業務推進	"業務推進の名手" 豊富な経験と実績、規律性と協調性　業務推進・遂行力

(5) 期待社員像（社員基準）

業績はその期、その年度の短期的貢献度であるが、ここでの社員基準としての貢献度はロングランでの業績貢献の累積成果を意味する。それは企業発展のための業績貢献だけでなく、しかもそれは現在ではまだ結果は出てはいないが、将来その成果が見込める布石成果の貢献、さらには地域や国のための社会、経済、文化、芸術、スポーツなどの分野でどれだけ貢献していくかの期待像である。

5　期待像を基準とする絶対考課

　期待像を明確化することで絶対考課は可能となる。まず等級基準をものさしとしてその充足度の分析をするのが能力評価であるが、そのためには後述する目標面接で設定・確認した職務基準の達成度評価を具体的媒体とせねばならない。能力評価が成立するためには二つの条件が要るが、一つは等級基準で、もう一つが職務基準＝等級レベルである。能力を評価するためには材料がいる。それがその者の等級にふさわしい職務基準のパフォーマンスである。

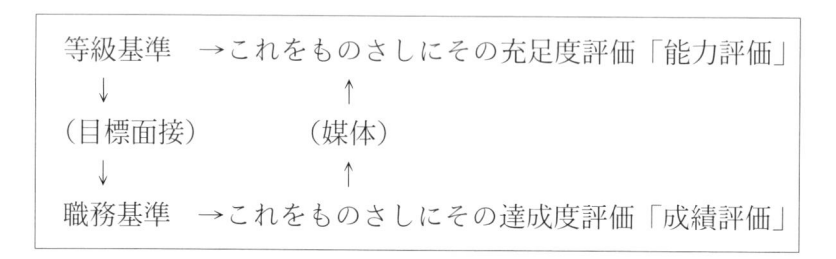

```
等級基準　→これをものさしにその充足度評価「能力評価」
  ↓            ↑
（目標面接）  （媒体）
  ↓            ↑
職務基準　→これをものさしにその達成度評価「成績評価」
```

　また職務基準の達成度評価には成績評価のほかに業績評価がある。成績評価と業績評価の違いは成績評価は役割「職務基準」の達成度のみをいうが、業績評価は役割の重さ、軽さを加味して評価する。なお情意評価は職務基準の中で、組織の一員としての行動短文として明確にしたマインド目標に対してどうであったかをチェックする。その意味では情意評価はコンピテンシー評価そのものでもある。そのコンピテンシー評価は、コンピテンシーモデルのディクショナリーごとへの接近度を評価することになる。

ディクショナリー	常に該当する	時々該当する	殆ど該当しない
1………			
2………			

さらに職群基準に対する適応度としてのアセスメントが行なわれる。図―9で見るように人事考課が上司から部下を一方的に評価するのに対して、アセスメントでは多面的、総合的かつ動態的に評価する。

図―9　アセスメント

	評価者	対象	期間
人事考課	上司	能力 成績 情意	単年度
アセスメント	部下 同僚 得意先 先輩 （多面的）	意思 適性 キャリア コンピテンシー （総合的）	5年間の分析 （動態的）

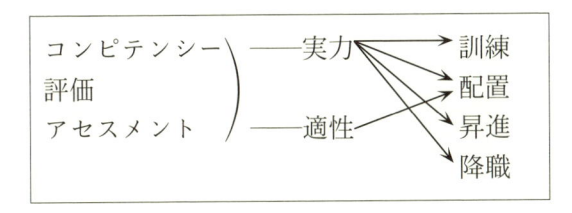

```
コンピテンシー ┐          ┌ 訓練
評価           ├ 実力 ───→├ 配置
アセスメント   ┘ 適性     ├ 昇進
                          └ 降職
```

6　能力評価と実力評価（コンピテンシー）の違い

(1)　能力評価の仕方

　能力評価は能力期待像である等級基準をモノサシとして行なわれるが、それは部下の職務遂行能力の高まり、つまりインプットとしての習熟、修得の充足度、到達度を把握するものであり、具体的には役割の達成度、その遂行状況を具体的材料にして、能力の充足度を分析、評価することから、次のような関係で示すことが出来る。

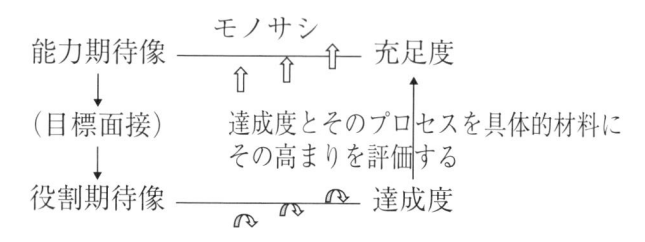

```
能力期待像 ───── モノサシ ───── 充足度
   ↓          ↑   ↑        ↑
（目標面接）   達成度とそのプロセスを具体的材料に
   ↓          その高まりを評価する
役割期待像 ─────────────── 達成度
```

　上図で明らかなように、能力は役割の結果とその遂行過程の行動を媒体として能力期待像の等級基準をモノサシにしてその高まりをみることから、部下の日常の職務遂行上の行動の観察とその分析がポイントとなる。またそれは職務活動の結果とそのプロセスでの具体的行動の連続性を通じて把握することになる。したがって能力は評価する時点でどうであるかをつかむもので、例えば、1月ごろは能力がなくても今、10月の時点で能力期待像のバーに対してどこまで高まっているかをみるものであるから能力評価で、前のときに、能力『A』と評価しておいて、現時点での評価で能力『C』はあり得ない。ここが実力評価と異なる。

　また能力評価は部下の等級レベルにふさわしい役割での達成度とそのプロセスを媒体とするので具体的事実の把握が大切であり、それが弱いと十分な分析もできない。その意味では直属上司である一次評価者の部下掌握の役割は大切であり、かつ具体的事実を材料としての複数の人による分析、評価はなおのこと重大となる。そこで能力評価は、一次評価者、二次評価者そして三次評価者による合議評価を採り入れることが適切である。合議評価のステップは次による。

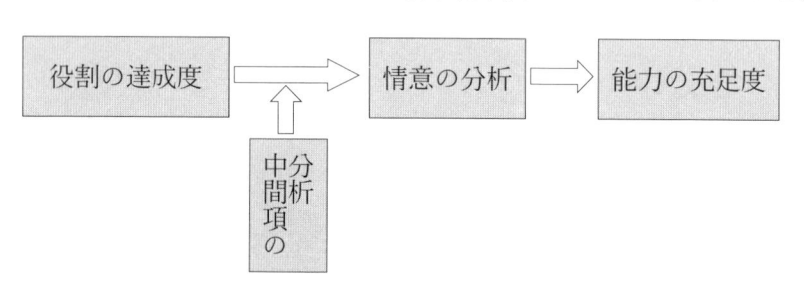

```
役割の達成度 ⇒ 情意の分析 ⇒ 能力の充足度
      ↑
   中間分析項の
```

能力評価は役割を達成したことでイコール能力の充足とは限らない。なぜならば役割の達成にはいろいろなものが介在するからである。まず遂行にあたって中間項のプラス要因、マイナス要因がどう働いたかを分析せねばならない。中間項には外部、内部、本人の三つの条件があるが、外部とは政治・経済の動向、季節異変や天変地異などをさし、内部とは上司の方針、指示、助言のあり方、組織のルール、不利な地域・商品などの担当、同僚関係といった組織上の条件などがあり、本人条件とは身体的、精神的なものをさす。等級基準で期待される部下の能力は中間項のうち外部、内部条件がニュートラルで、役割の達成度が OK であれば一応能力があると評価できるが、これを総合能力という。つまり気力、体力、そして知力などを含めたものは備わっていると判断できるわけである。この総合能力から本人条件のうち身体面まで分析するのが中間項の分析であり、精神面の分析はヤル気の問題として、意欲や態度がどうであったかを情意の分析で行なう。

　中間項がニュートラルな状態で役割が達成できたのは情意（気力）なのか能力（知力）なのかを分析することになる。

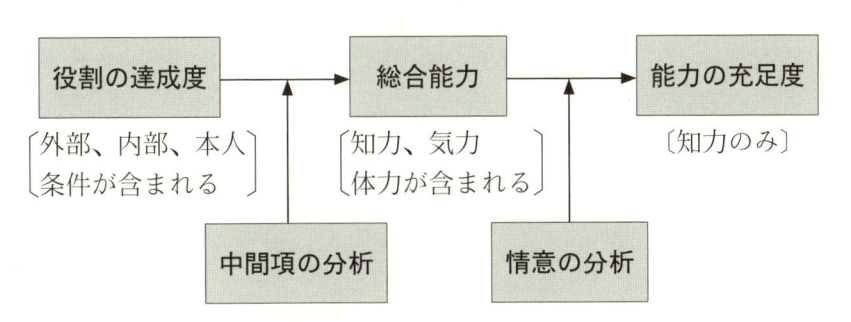

役割の達成度	→	総合能力	→	能力の充足度
〔外部、内部、本人条件が含まれる〕		〔知力、気力体力が含まれる〕		〔知力のみ〕
↑		↑		
中間項の分析		情意の分析		

　情意の分析の次は能力つまり、知力の分析となる。具体的には能力期待像の等級基準をモノサシに修得知力（知識、技術）と習熟知力（判断力、企画力、折衝力、指導力など）の充足度を分析、評価することになる。等級基準の中身には知力だけで、気力、体力はな

い。例えば技術職＝五等級のものに期待する体力はこの程度で六等級はさらにこの程度、やる気も五等級はこの位で六等級はより以上等とは基準化できない。能力評価は、営業職＝五等級に期待される習熟、そのための修得に対するレベルの充足度の分析、評価である。これが総合能力であれば、そこには体力も気力も入り込み、さらに中間項も含めての評価となり、それは実力評価に近いものとなる。

　どんな能力を身につけているかの、能力の"～ができる"の基準は、具体的に課業でその習熟レベルの"完"「人に教えることが出来て、かつ新たな事態にも対応出来る」とか、"独"「上司の援助がなくても、独力で遂行できる」そして"援"「上司の援助を時々受ければ遂行できる」を意味するが、例えば、営業職五等級の部下の能力評価は仮に売り上げ500万円目標の役割「販売活動」をクリアした、しないかは成績の達成度評価でありのままに見て、それを材料にして能力の充足度を見るときは前述したような分析、評価を「販売活動」の習熟レベル"完"をモノサシに行うことになる。

【営業職＝五等級】

習　熟　要　件				修　得　要　件
課　　　業	援	独	完	読本・研修・資格、免許
・販売活動			○	
・販売計画の立案		○		

(2)　実力評価（コンピテンシー評価）の仕方

　実力評価は実力期待像であるコンピテンシーモデルをモノサシとして行なわれるがそれは部下の行動つまりアウトプットとしての行動態様への接近度を分析する。具体的には部下の日常の役割の達成、その遂行状況での行動の観察とその分析がポイントとなるが、それは累積していく能力評価と違って、その時々の行動から接近度を評

価するため離れたり、近づいたりする。

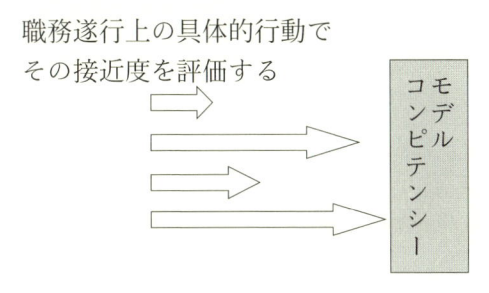

職務遂行上の具体的行動で
その接近度を評価する　　　→　　モデルコンピテンシー

コンピテンシー評価は一般的に氷山モデルで説明されるように、広義の能力、すなわち性格、動機、価値観から知識、技術、技能そして意欲、態度などを含む。

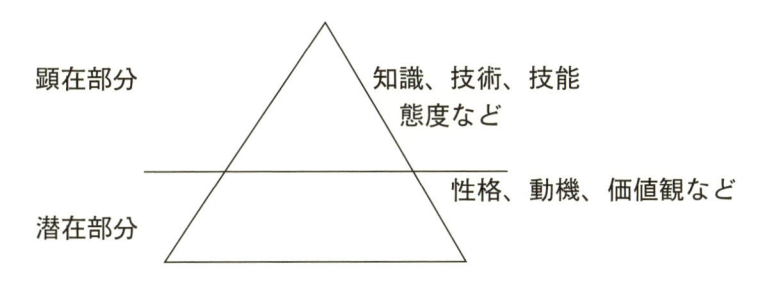

顕在部分　　知識、技術、技能
　　　　　　態度など

潜在部分　　性格、動機、価値観など

　能力評価の「～ができる」に対して実力評価は「～している」の評価となるが、これは実力期待像のコンピテンシーモデルに対して部下の日常の職務行動を観察してその行度の頻度やレベルをチェックし評価する。能力評価が部下に関心を持ち職務行動を掌握して、その者の成長レベルを把握するのに対して、実力評価はコンピテンシーモデルを前提に部下の職務行動特性をチェックする。つまりそれは、能力を成果に結びつける具体的行動短文をチェックリストとしての評価となる。なおその意味で情意評価の組織の一員としての行動短文チェック法はコンピテンシー評価そのものでもある。
　評価方法にはコンピテンシーモデルの基準化の仕方によるが、それはディクショナリーに対する行動の頻度チェック方式と、クラスターに対する行動のレベルチェック方式がある。

『頻度チェック方式』

ディクショナリー	常に該当する	時々該当する	ほとんど該当しない
1. ………			
2. ………			

『レベルチェック方式』

	クラスター	レベル$_1$	レベル$_2$	レベル$_3$	レベル$_4$	レベル$_5$
1	△△△					
2	○○○					

　頻度チェック方式の場合は、次の参考〔指導力〕の各短文の1～5についてその頻度を評価する。

参考【指導力】
1. 指導者たる自覚を持ち、目標必達のために自らが率先垂範すると共に、常に部下を激励し、目標に向かってリードしている
2. 目標達成の重要性や成し遂げたときの充実感を十分に説明し、部下を動機づけ、やる気を起こすテクニックを持っている
3. 部下一人ひとりの意思や適性、能力特性を確実に把握し、必要な機会をとらえて日常の指導活動に大いに活用している
4. 目標面接において、個々人への動機づけや具体的なチャレンジ目標の引き出し方などが適切である
5. 仕事上の行き詰まりや悩みが生じたとき、部下の相談には気軽に応じ、ともに解決策を考えるという行動を必ずとっている

　レベルチェック方式の場合は、次の参考〔販売力〕のどのレベルに対応する行動かを評価する。

参考【販売力】
　レベル1＝販売上の基本的な会話を理解している
　　〃　2＝確かな意思疎通ができており、相手の意見やニーズにもタイムリーに対応している
　　〃　3＝相手から得た情報を取捨選択し、職場の問題解決に取り入れ適切に対応している
　　〃　4＝あらゆる分野から得た情報を自部門の戦略と販売力強化に役立てている
　　〃　5＝販売組織力強化につながる戦略を関係部門や経営層に提言し経営強化に役立てている

　　　　なお、レベルチェック方式の場合、職務における習熟の高まりを基準化したものでもある。

レベル	定　　義	
1	理解程度	初級社員
2	応用程度	中堅社員
3	指導、改善程度	指導監督社員
4	管理、調整程度	管理統率社員
5	組織風土改革程度	執行社員

7　評価と査定

　人事考課に、評価、査定そして面接の三つの側面があることは述べたが、ここでは評価と査定の相違について詳しく述べる。まず評価とは具体的事実の把握と分析であり、それは現場上司の役割の中で行なわれる労務管理の分野である。一方、査定は現場の上司が把握、分析した事実をどう処遇に結び付けるかの人事管理の分野であり具体的には人事部門が担当する。現場で上司が把握、分析した事実の行動の評価は期待像に対する質的評価で、それは定性評価でもある。期待像に対する絶対評価を査定として処遇に結びつけるとき、質的評価を量的なものに置き換える。これを計量化という。計量化には、図—10〜図—13で見るように評価段階の点数への置き換え、評価者間のウエイト、さらには要素間ウエイトとしての目的別や階層別そして部門別などのウエイトがある。また処遇には量的処理が必要であり、そのとき量的制限つまり、原資や人員枠がある場合には相対区分で、制限がない場合は絶対区分で処理することになる。このように、評価を査定に結びつけるためには政策的なルールをあらかじめ用意することになる。絶対評価、相対評価と絶対区分、相対区分は違う概念でありここでの区分とは数的処理方法を意味する。

図—10 評価段階の点数への置き換え（例）

評価区分	S	A	B	C	D
点　数	+2	+1	±0	−1	−2
	5	4	3	2	1

図—11 評価者間ウエイト（例）

	成績評価	情意評価	能力評価
一次評価	2	1	1
二次評価	1	2	1
三次評価	1	1	2

図—12 目的別ウエイト（例）

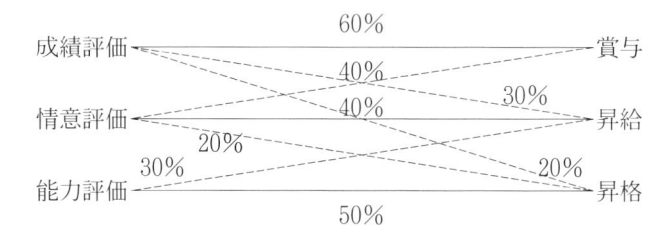

成績評価 —60%— 賞与
　　　　 40%
情意評価 40%　30%
　　　　 20%　　　昇給
能力評価 30%　20%
　　　　 50%　　　昇格

図—13 階層別ウエイト（例）

（賞与）	成　績	情　意	能　力
M	80	20	—
S	60	40	—
J	40	60	—

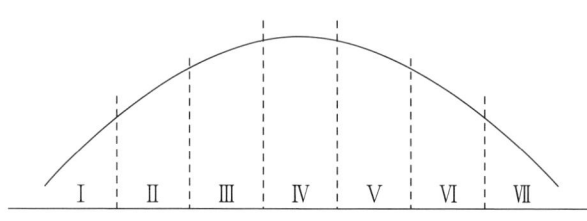

［相対区分の考え方］

　Ⅰ　Ⅱ　Ⅲ　Ⅳ　Ⅴ　Ⅵ　Ⅶ

（注）一定の割合で分布される

[絶対区分の考え方]

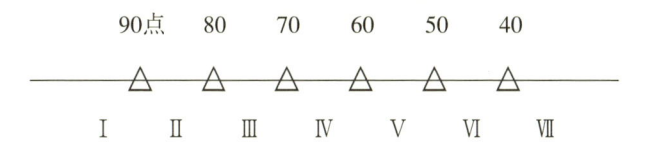

```
    90点  80   70   60   50   40
─────△────△────△────△────△────△─────
     Ⅰ    Ⅱ    Ⅲ    Ⅳ    Ⅴ    Ⅵ    Ⅶ
```

(注) どのような割合で分布するかはあらかじめわからない

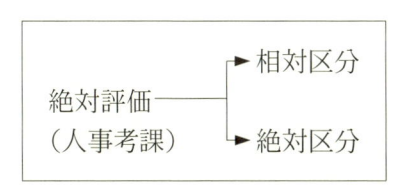

```
┌─────────────────────────────┐
│                    ┌→ 相対区分  │
│   絶対評価 ────────┤            │
│  (人事考課)        └→ 絶対区分  │
└─────────────────────────────┘
```

8　基準作りの原点……職務（課業）調査について

　ここで職務調査について、しごく大雑把ではあるが一通り説明しておきたい。職務調査の方法などについて理解していただくというよりも、企業が期待し求める社員像が、どのようなプロセスと内容で、目に見える状態にとりまとめられていくのかを理解する一助としていただくためである。

(1)　職務調査のねらい

　各企業には、従業員それぞれに期待し要求する社員像があることについては再三述べてきた。評価に、育成に、活用にそして処遇にしろ、そこには基準が必要でありそれこそが社員像である。この社員像を明確化するのが職務調査のねらいである。
　わが社が期待する社員像は、第2章3項で触れたように経営戦略に基づいて五つの形で示され、しかもその五つは、職務調査で明らかにされる。

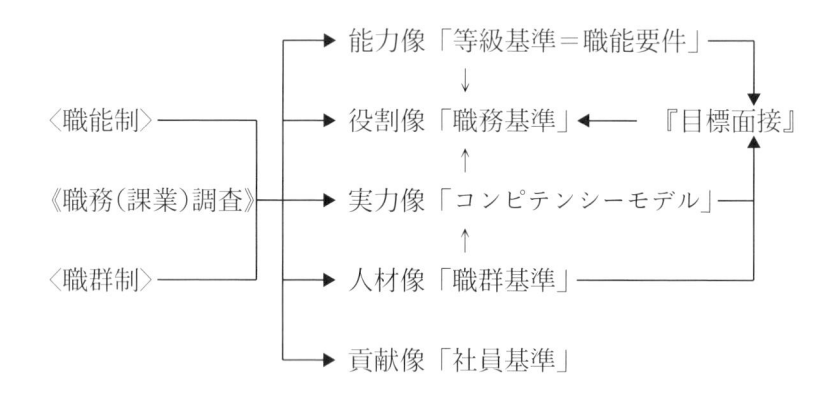

```
                    ┌→ 能力像「等級基準＝職能要件」─┐
                    │         ↓                    │
〈職能制〉─────┤→ 役割像「職務基準」←──『目標面接』
                    │         ↑                    │
《職務(課業)調査》→ 実力像「コンピテンシーモデル」─┘
                    │         ↑
〈職群制〉─────┤→ 人材像「職群基準」
                    │
                    └→ 貢献像「社員基準」
```

(2) 職務調査の具体的内容と手順

　職務調査は具体的には課業の調査であるがその内容と手順の要点を述べると、

① わが社には一体どんな仕事（課業）があるのか──「課業の洗い出し」

② それら一つひとつの仕事（課業）は、どのくらいのレベルの仕事なのか──「課業の難易度の評価」

③ それを完全にこなすことができるのは、主として何等級程度なのか──「習熟度の深まりの指定」

④ どのような知識や技能があれば、その仕事をこなすことができるのか──「資格等級別の修得要件の抽出」

⑤ 現に、だれがどのように、それらの仕事を分担しているかの把握──「課業分担表の作成」である。

以上①～⑤までが職務調査を通じて、明らかにされなければならない基本的項目であるが、これは現場の仕事に精通している管理者にやってもらうのが適切である。しかし、いきなり最初から、これらの全部をはっきりしていこうとすることは大変なので、まず当社にとって、いま最も必要なものはどの項目か、またこれなら当面実行していくことができる、などをよく考え、会社の実態に照らしな

がら漸次整えていく態度も必要かと考える。

(3) 職務調査の実際

手順の概略は、

(a) 職種（職務調査の単位区分）の編成

職種とは、要求される知識、技能の系列の違いによる区分である。したがって相互間に頻繁に配置転換が行なわれ、かなり共通の知識、技能がある場合には、一つの職種としてまとめたほうがよい。また部門、課単位に職種を編成するのも、現実的な一方法だといえる。

(b) 課業の洗い出しと難易度評価

職種の編成が終わったならば、職種ごとに課業を全部書き出し、難易度の区分で整理する。

(ア) 課業のとらえ方

課業（タスク）とは、課題作業でありそれは目的を持った仕事のかたまりをいう。またそれは各人の職務を構成する単位業務でもある。各人の職務を構成する課業とは、一体どのくらいの大きさをいうのかというと、

① その課業の難易度がはっきり評価できること（一課業一評価）

この課業は、難易度Aとか難易度Cとかが判定できること。課業のくくり方が大きすぎると、難易度BからCにまたがるとか、CからDに及ぶといったように単一の難易度で評価できないこととなる。（課業は単一の難易度で評価できるサイズでとらえる）

② これ以上二人の人に分割分担できない大きさでとらえる。

ひとつの課業がさらに分担される場合には、課業として分けておかないと、個人別課業分担表をまとめるときに支障が生じてくる。

以上が課業のとらえ方の基準であるが、下位等級が担当している職務ほど、ひとつの課業はかなり小さいものとなり、上位等級や、本社管理部門や企画部門などでは、課業はかなり大きなまとまりのあるものとなる。
　また、課業によっては、同じ課業であっても、広がりやレベルによって違った表示をしながら課業を設定することが必要となることがある。例えば、接客販売という課業の場合入社間もない新人の場合と、ベテランの場合とでは、同じ接客販売という仕事を担当しても、広がりやレベルは当然違ってくる。
　そこで接客販売Ａ、接客販売Ｂ、といった表示区別とその内容で違いを出すことが必要となってくる。要するに課業の洗い出しは、

- 何をしているのか――動詞化
  例えば、指示、判断、確認、連絡、作成、組み立て、運搬、計画など。
- なぜそれを行うのか――名詞化
  目的、理由など
- どのようにして行うのか（目的を果たすためにとられている手段――"どんなやり方で"）――その内容

　例えば、法規に基づいて処理する、過去の実績を参考にして判断する、コンピューターで計算するなど、をメドに書き出していけばよい。課業は上級職のものほど、目的がはっきりしているが、下級職のものほど、目的がはっきりしない手段的要素の仕事が多くなるが、その場合、目的がはっきりしないから課業から外す、というわけにはいかない。現にそれが、一人の職務の中で、分業分担されるかたちで行われているならば、手段的要素の仕事であっても課業として取り上げる。

(イ)　難易度評価の基準について

　課業には、必要な知識、技能の高さ（低さ）、責任の広がりの違

いなどによって、難易度が異なる。

この難易度については、A，B，C，D，E，の五ランク程度で評価するとよい。難易度評価の基準はおおむね次表のとおりである。

	定　　義
A	単純補助業務
B	定型業務
C	判断、指導業務
D	企画、監督業務
E	管理統率、開発調整業務

以上の評価基準に合わせて、
- 責任の度合い
- 判断の程度
- 精神的負荷の程度

に応じて難易度を評価するのもよい。

この難易度を評価することによって、資格等級と課業難易度との対応関係を明らかにすることができるようになる。難易度評価にあたり、AとするかBとするか迷う場合は低いレベルにおくほうがよい。難易度評価にあたっては部門間のバランスをどう調整するかといった問題も出てくるが、これはあえて無理に調整する必要はない。本来職種が違えば課業は異質である。異質であれば、共通の比較基準を見いだすことは不可能といってよい。課業評価をもとに等級基準をつくるがこの基準は、部門ごとの能力開発の機会の等質性と考えればよい。したがって難易度の部門間調整はあえて行わずとも、運用のネックとなることはまずあり得ない。

　㈰　難易度と資格等級との関連の設定

資格等級ごとにどの程度の難易度の課業を対応させるか。これは

企業の実態と政策的なものを考えながら設定していく。
① 習熟の深まり度合いの指定

　課業の中には、図―14にあるように習熟の深まりの浅い課業、深い課業などがある。習熟の深まりの深い課業は、完全にできる状態になるまでにかなりの時間がかかる。その場合、同じ課業を別の等級のものがやっていても、期待し要求されるできる程度が異なり、上位等級ほど高いレベルで、できる程度が要求されることとなる。つまり等級によって対応する課業は同じものであっても、等級が違えば要求される広がりやできる程度が異なる場合がある。そこで何等級では、どの程度できればよいか、これが習熟の深まりである。課業の難易度評価と併せて、課業ごとの習熟の深まりについても、検討しておくことが必要となってくる。

　習熟度の深まりの指定については、通常では、(i)できる、(ii)独力でできる、(iii)完全にできるの三区分ぐらいで図―15で見るように指定するのが適切のようである。

図―14　【習熟の深まり】

イ	浅い	1～2年で完全に出来る
ロ	やや深い	1～2年で独力になり、その後2～3年で完全に出来る
ハ	深い	1～2年では援助されながら、その後2～3年で独力になり、さらにその後2～3年で完全に出来る

図―15 【習熟度の違い】

レベル	定義	上司の指導や援助	下級者への指導	状況変化への対応	最終責任者
援（できる）	一定の援助や指示により、限られた範囲でミスなくできる	時には必要とする	出来ない	全く対応できず、上司に指示を仰ぐ	部分的な実施責任を負う
独（独力でできる）	援助や指示がなくてもある程度範囲を広げながら業務処理ができる	全く必要としない	部分的に出来る	援助を受けないと出来ない	部分的な実施責任を負う
完（完全にできる）	範囲を広げながら応用も出来、指導を行い責任を持ち業務処理ができる	全く必要としない	十分に出来る	十分に出来る	最終実施責任を負う

(a) 職種別等級別課業一覧表の作成

　課業ごとの難易度評価、習熟の深まりの指定が終わったならば、次にそれぞれの課業を職種ごとに等級別に整理し、とりまとめて課業一覧表とする。この職種別等級別課業一覧表は、等級基準（職能マニュアル）とともに、職務調査の産物である。これによって、営業五等級に対応する課業にはどのようなものがあるか、一目瞭然となる。個々人の職務（責）編成をする際の基礎資料の一つとなるのがこの一覧表である。

(b) 職種別等級別職能要件（職能マニュアル）のとりまとめ

　等級基準は、「習熟要件」「修得要件」としてとりまとめる。

　(ア) 習熟要件

　職種別等級別課業一覧表の中から、キータスクを選び出す。それが習熟要となる。したがって習熟要件は、具体的には課業というかたちで書き表すことになる。

　キータスクは、その職種を代表するような、名は体を表すような

課業、そしてまた、社内的にその課業名をあげれば、みんながピンとくるような課業を選び出す。その際、職種全体を見渡して、特定の課や係に片寄ることなく、選び出されることが望まれる。キータスクの数はいくつでなければならないという決まりはない。職種や職種の編成の仕方にもよるが、少なくて2つか3つ、多い場合は5つ以上になることもある。

(イ) 修得要件

修得要件を抽出するには職種別等級別課業をひとまとめにして、必要な知識、技能を書き出しておいて、後でまとめるようにする。

知識とは、受けるべき研修、通信教育、読むべき図書などをいい、技能とは、必要とする資格、免許などをいう。つまりその課業群を行ううえで身につけねばならぬものを、修得手段、方法としてできるだけ具体的なかたちで書き出す。

知識や技能があるかと思えば、同一等級であっても、現にやっている仕事の違いで一人ひとりに要求されるものが異なる知識、技能もある。

そこで修得要件は、次の区分に応じて書き出すと便利である。

① 基礎知識・技能……同一等級ならば、すべての部、課に共通な知識、技能
② 関連知識・技能……同一等級、同一部門(職種)に共通の知識、技能
③ 専門知識……同一知識、同一部門(職種)に要求される知識、技能
④ 特定知識……係または個人に、特定に要求される知識、技能
⑤ モノコースの昇進であれば等級基準の中に職歴要件も必要となるが、マルチ昇進となればそれは職群基準の中で明らかにせねばならない。

職歴要件は、職群基準ごとに求められる人材育成プランに従っ

て、経験すべきキャリアパスを書き出す。このキャリアパスは、長期的展望に立っての昇進、昇格ルールとして明示する。

　キャリアパスは、各等級ごとに書き出す必要はなく、企業が考える役割ごとに書き出すとよい。そのまとめ方を例示すると、

　　△△　課長（7級以上）になるには、異なる職種を二つ以上、および2〜3の事業所間異動の経験を有すること——といった程度で十分ではないだろうか。しかし、このキャリアパスは職群別に別途決める。

以上職務調査のごくあらましを述べたが、大雑把な説明のため、細部について、ご理解いただくまでにはいたらなかった点は多々あるとは思うが、今まで取り上げてきた社員像の職務基準、等級基準そして職群基準などに対する理解をより深めていただくためにということで、職務調査にも若干触れた次第である。

第3章　目標面接制度

I 面接制度とは

　面接にもいろいろな側面がある、一般に面接とは、上司と部下が直接、顔を合わせ、仕事上の目的をもって互いに話し合い、情報を交換したり、仕事に関する意図や考えを伝え合ったり、ともに問題解決に当たったり、マンツーマンで指導したりする場を言う。このような面接は、職場において日常茶飯事のようにおこなわれているわけであるが、ここでの面接は、企業や部門の目標達成のための役割（職務基準）の設定、確認のための話し合い、それのフォローアップのための話し合い、職務遂行過程の振り返りとフィードバックという、いわゆるマネジメント・サイクルに連動、連結させての面接として規定する。そしてこれらの面接についてシステム化したものが、本書で取り上げる面接制度である。

　上司と部下との間で行われる面接に関し一つの方向付けをし、フレームの標準化を図り、面接に対する共通の認識や理解をもって面接がおこなわれているような状況をつくり出すことが面接システム化のねらいである。

　このような面接制度は、欧米の「職務記述書」をベースにおいた組織運営に代わるものとしての性格と機能を果たす。欧米では仕事に人をはりつけるため、あらかじめ職務記述書によって仕事が明確化されており、その仕事をやれるだけの要件を備えた者をその仕事にはりつけるので、あとは職務記述された内容に従い仕事を進めればよいのである。

　ところがわが国の場合はいささかこれと事情を異にする。ご存知のとおり、人を社員として採用し、育成しながら人材として活用し

ていく、仕事の分担もその人に応じて決めていく、人が仕事をクリエイティブするやり方であり、柔軟性のある人的資源活用が行われてきたところに特徴がある。このような雇用慣行のもとでは、あらかじめ決められた職務記述書をベースに分担していくやり方は体質的に合わない。しかしながら、人を採用して育てるにしても、人を評価し処遇に反映させていくにしても、そこには何らかの基準がなければならない。いうなれば職務記述書に代わるものを必要とするわけである。この基準を作るのが面接にほかならない。面接によって上司、部下の間で話し合われ、確認、期待された役割（職務基準）こそ、基準となる。ここに面接制度の意義がある。その面接制度は図—16のようなフレームで表すことができる。このような内容による面接こそ、マネジメントの実践の場であり、面接の継続、反復実施により、よりマネジメントの効果を高めることができるのである。

図—16　面接システム

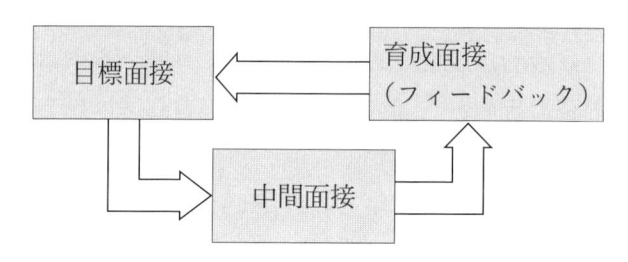

```
    目標面接  ←――――  育成面接
       |                （フィードバック）
       |                     ↑
       ↓                     |
              中間面接  ――――
```

1　面接制度のねらい

　面接はそれを制度として捉え、それを整備するのも大切だがそれ以上に面接の根底にある考え方やその理念の理解とその徹底がより大切である。つまりそれは人の行動科学と動機付け論にある。そこでそのプライオリティも各企業のニーズによってねらいをどこにおくか、さまざまな考え方もあろうかと思われるが、一般的には次のねらいがおかれることになるだろう。

(a) **良好な人間関係の場をつくる**

　自分自身のことを上司に理解してもらいたいという願いは、部下ならばだれしもが持っている共通の気持ちである。そこで上司が部下のこのような気持ちに沿った管理姿勢を、日常の職場でとることは、部下のやる気を高めるうえで大切なことである。また、上司にしてみれば、部下が当然自覚しているものと思っていることが、部下自身知らなかったということに気づいた場合、それを部下に気づかせなければならない。その具体的方法なるものが面接であり、面接による対話──話し合いである。今日、好むと好まざるとにかかわらず、職場の中での対話が強く求められている。それは対話によって上司と部下との相互理解を促し、信頼関係を作り上げるためである。対話こそささくれだった人間関係の潤滑油となるものであり、とげとげしい感情の鎮静剤である。

　対話といえば、一見管理次元としては低いものと思われがちであるが、部下の持つさまざまな欲求に、最も直接的に応える手段であることを知らなければならない。上司とのひざ突き合わせた対話を通して、部下は存在認知されたことへの満足や喜びを感じ、その実感が部下の心の支えとなっていく。

　上司が部下個々人の諸々の側面について知らなかったり、また知ろうとする努力を怠ったりすると、部下のやる気を高揚させることができなくなるばかりか、上司に対する部下の信頼感は薄れ、協力的、協調的態度を失わせる結果を招きかねない。

(b) **仕事に対するオーナーシップ（自己関与・自己所有感）をもたせる**

　部下に、担当する仕事に対する自己所有感をもたせるには、まず経営目標や、部門目標設定時からこれに参画させ、自己関与させる。自己関与を深めるために、経営目標や部門目標設定にかかわる背景や状況について及ぶかぎりの情報を与える。部門目標設定に臨むに

あたって解決しておかなければならない問題点があれば、提案させたり共に考える。その話し合いの中から、部下は"経営目標、部門目標は私たちの目標"という一体感をもつようになる。

(c)　情報の共有化を図る

　情報の共有化の場を多く持つことによって発想力"問題意識"も高まる。人の話を聞くことによって問題点を見つけることも出来るし、また人の悩みを聞くことによって、それの解決点に気づくことも出来る。人の成功例や失敗例を聞くことは、後日生かされることになる。また上司は部下にある行動を期待するならば（例えば、この職責を受け入れてほしいといった）、それを触発するような情報はすべて与える。それにより両者の考え方の接点はだんだん広がりをみせ、かなり共通した基盤に立って物事をみるようになる。人を動かすのは肩書き、権力や命令でなく、そのときの状況や情報の力である。

(d)　啓発の動機づけ

　管理者が面接や対話を部下との摩擦や対立を避け、部下と迎合しようとする意識から行なうと、その場では部下を喜ばせても、恒常的に部下のやる気を持続させることはできない。

　部下個々人が真にやりがいや生きがいを感じ、新たに意欲を燃やすのは、努力の結果、自分の目標を達成するのと同時に、職務遂行過程において自らが成長を感じとったときである。

　そこで部下のやる気をより恒常的に持続させるには、対話の場を人間関係のみを良くする場とするだけにとどめず、さらに部下のやる気を、当人の能力向上に結びつけていく場とする考えが必要となってくる。自分の可能性を仕事の中から見いだし、自分の能力を自らの努力によって高めていこうとする部下に対し、それを促すようなきめ細かい対話関係を基盤とした職場環境づくりこそ管理者の使命とすべきである。能力開発は、上司がいかに口やかましくいっても、

部下がその必要性を見いだし、自分のためという気持ちで努力しないかぎり成果は上がらない。この理解を促すためにも、部下と上司の十分な意見交換は不可欠である。

(e) 各人に期待し求めるものの浸透徹底を図る

　各人に期待し求める役割をはっきりさせるにしても、部下一人ひとりのレベルに応じて、また仕事の内容に応じて徹底していってこそ着実に成果に結びつけることができる。職責の示し方、与え方も十把一からげのやり方ではなく、その時、その職場の状況、部下の仕事の進捗度などを見ながら与えていかなければならない。能力期待像は、職種別等級別に等級基準としてとりまとめられてはいるが、これはあくまで原則的標準像である。同じ位置づけにあっても部下一人ひとりの能力レベルは皆違う。等級基準に対し、不足するところ、不十分な点は同じではない。それを見極めたうえで、面接により一人ひとりに徹底させていかねばならない。また人材期待像も異なるし、そこでの実力も違う。図―17で見るように標準像をベースにつど状況下で上司と部下が話し合い各人の具体的期待像を設定する。

図―17

能力期待像等級基準　…「原則的標準マニュアル」
　　（社員像）

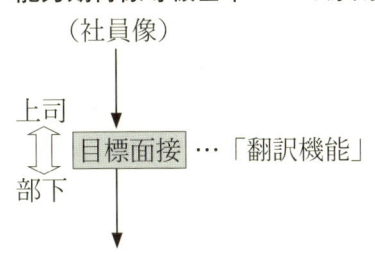

　　　　↓
　上司
　　⇅　　目標面接 …「翻訳機能」
　部下
　　　　↓

役割期待像職務基準　…「つど、状況下で設定」

(f) シナジー効果（新しいビジネスモデルを作る）

　算数での和は、ある数字にある数字を加えた結果を言うが、しかし人間関係での和は、シナジー効果を指す。つまり個では得られな

い、他とのめぐり合いで、深い味わいを出すということである。部下との対話は、上司が部下によりよい支援を与えるにはどうすれば良いかを探る場でもある。本当に聴く耳を持って面接に臨む上司は面接を通じて自分自身にも部下にも、そして組織全体にも有益となるアイデアを手にすることが出来る。

(g) 部下の掌握（評価の納得性を高める）

　管理者は情報のパイプ役などといわれているが、常日頃から対話を通して疎通を図っておく。掌握のポイントは疎通を図ることにある。

　それによってトップダウンを効果的に行うことができるのである。真のトップダウンは、部下を掌握しきったボトムアップから実現される。

　部下の行動の観察と分析をすることも部下掌握のためには欠かせない。観察とは、見たり調べたりすることであるが、見ただけで部下の行動が把握しきれない場合は、聞き取り調査をしなければ事実はつかめない。聞くことによって、今まで明るみに出なかった事実がはっきりすることもある。調べるには当人から聞き出す、確認するのが一番適切な方法である。部下から事情や状況を話してもらったり、説明を求めたりするのである。部下の行動の観察、分析、評価も、面接を併用することによってより確かなものとなる。

(h) 部下の指導

　部下が期待し求めるものを満たしていない場合は、直ちに事態の改善を図るために何らかの手を打たなければならない。仕事の方法の改善をしたり、能力不足を補うための指導を計画、実行するなどがこれである。

　また職務遂行過程を観察分析し、それによって仕事の正しいやり方を指導したり、望ましい態度を育成したりしなければならない。

　管理者がその際、職場内で行なう指導育成方法は、技術伝承のOJTやコーチング中心に行なわれるが、例えば、率先垂範（示

範)、示唆、助言、説明(説得)、などをとってみても、部下との接触―対話中心に進められる。つまり部下と接すること、話すこと自体が指導、育成の機会となるということである。部下は上司に接し、上司と交わす対話の中から何かをつかみ取り、何らかの影響を受ける。特にコーチングでの部下は自分で考え、自分で振り返り、自分で行動する。よく話を聞き十分な意思疎通のうえで部下理解に努める。部下が主人公であり上司が最初から結論を持っているとそこでは押し付けになる。創造性を引き出すためには反論しないで、部下の問題点は上司自身の問題と考え部下が仕事への満足度を高める援助をすることである。

2　面接制度導入の前提条件

　面接制度を導入するにあたっては、それなりの前提条件が整っていなければならない。

(a)　経営戦略からくる期待する社員像の明確化

　能力主義も成果主義も、そこには前述したように期待する社員像が全社的にとりまとめられていること、またこれらの維持管理が適切におこなわれていることが必要になる。各人に何が期待されているのか、はっきりしない状態では、話し合いの焦点をどこにおけばよいかがわからない。

(b)　組織の中に"個"を尊重する風土が確立されていること

　たてまえはともかく、組織の実態として人間性を尊重し、個人のもつ人間としての可能性を信頼する風潮が確立されていること。

　一人ひとりの人間性を認めず、お互いに反目しあい、不信感や猜疑心が充満しているような組織風土のもとでは、お互いに腹蔵なく話し合うことができるという期待感はもてない。

(c)　下意上達を促すような組織体質であること

　上位の者が下意の意見や考えを吸い上げようとしないような組織

のもとでは、面接を行なったとしても有意義な面接にはならないであろう。面接とは、上意下達、下意上達のコミュニケーション・チャネルの一ユニットと考えるべきである。

　指示、命令に対する服従、統制に対する遵守を求めるマネジメントにおいては、下意上達のコミュニケーション・チャネルを必要としない。部下に改善提案を求めたり、ともに問題解決に当たることなどは、及びもつかないからである。下意上達のコミュニケーション・チャネルを必要とするのは、参画型組織においてである。したがって、面接とは参画の形態といっていいだろう。

(d)　**育成のための能力評価システムが確立されていること**

　仕事の成果（成績、業績）を査定し、それを処遇にのみ結びつけていく人事考課、つまり相対考課であれば、考課結果について、面接を通してフィードバックする必要性は低い。しかしながら、能力の開発とその有効活用をめざす絶対考課においては、期待像に照らしてどの程度レベルアップがなされたかを的確にフィードバックし、次の能力開発目標に結びつけていかなければならない。また成果についてもフィードバックし、仕事面で能力が十分に発揮されていたかどうか、仕事をこなせるだけの能力が備わっていたかどうかをあきらかにすることによって、その中から育成のポイント、さらには業務の改善点を把握していくことも必要である。

(e)　**面接に関するトレーニングの実施**

　何らかのかたちで面接制度を実施している企業の実態をみても、面接を計画的、意図的におこなっているところは少なく、"人事部門がやれというからやっている"とか、多忙を理由に形式的にサッサッと済ませているのが実情といえなくもない。また、"毎日部下と顔を合わせて、部下のことなら何でも分かっている。いまさら面接のような手間のかかるようなことをする必要はない"という管理者の数も結構多い。

面接制度を導入するにしても、その事前において（また事後において）克服していかなければならない問題は決して少なくはない。そこで管理者には、面接制度導入の事前、事後を含めて、面接スキルを高めるためのトレーニングの反復実施をする必要がある。

一般にトレーニングの内容としては、
① 面接制度のねらいの理解
② 面接者としての役割の理解
③ 面接者として具備すべき条件
④ 面接の仕組み
⑤ 面接の進め方（面接テクニック）
⑥ ケーススタディ

といったものになるが、トレーニングの方法としては、講義中心というよりも、実習中心とならざるをえない。実際にトレーニングを進めるにあたっては、図—18に見るごとく、面接制度と機能的な結びつきが極めて強い人事考課との関連で、考課者訓練の一環としてカリキュラムを組み、実施するのが適切である。時間的にも費用的にもそのほうが効率的であるばかりでなく、何よりも教育効果の面から、そのほうが有効である。

図—18　面接と人事考課

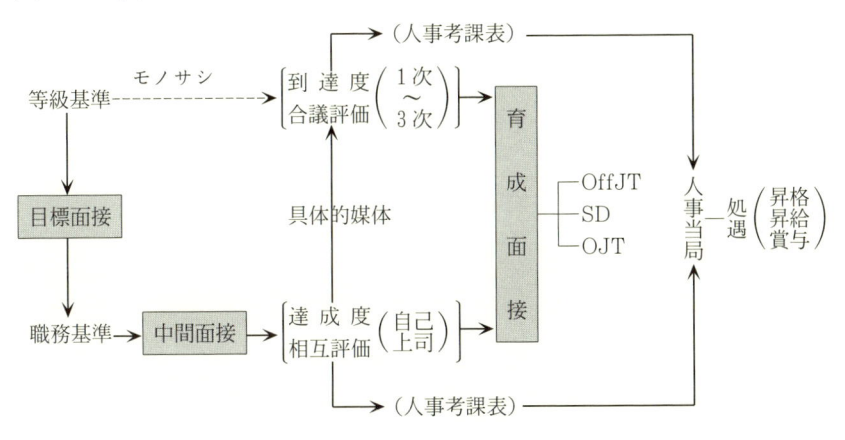

```
                              ┌──────→（人事考課表）──────┐
                  モノサシ     │                              │
  等級基準 - - - - - - - →┌到 達 度(1次)┐  ┌育┐                │
      │                   │合議評価 ～3次│→│成│─OffJT        │
      ↓                   └─────────────┘  │面│─SD    ┌人┐  ┌処┐ ┌昇格\
  ┌目標面接┐          具体的媒体            │接│─OJT   │事│  │  │ │昇給│
  └────────┘                                └─┘         │当│─│遇│─│賞与/
      │                   ┌達 成 度(自己)┐              │局│  │  │ └───┘
      ↓     職務基準      │相互評価 上司 │              └─┘  └─┘
  ┌中間面接┐ ────→      └──────────────┘                ↑
  └────────┘                                                │
                              └──────→（人事考課表）──────┘
```

75

(f) 面接のシステム化

　人事考課制度、他の諸制度などとの関連をどうもたせるかを十分に検討したうえで面接をシステム化する。

　また、システムを効果的に運用していくに必要なルール(規程)や運用の手引きを整備する。更には運用のための「チャレンジシート」「ミッションシート」「管理監督者手帳」「育成メモ」などの書式、様式を準備することも、システム化の一環として忘れてはならない。

3　面接制度のフレーム
＜面接制度の中で明らかにしなければならないもの＞

　面接制度は、その成果をあげるためには、制度化したうえで、意図的に行われることが望まれる。管理者の仕事で、最も基本的でかつ重要なことは、まずは面接制度において、良好な対話の場をつくり出すことにある。そのためにも、面接制度そのものを十分理解することが先決である。その面接制度のあらましを次に紹介する。面接を制度化するにあたっては、通常次の各項を織り込んだうえで制度化するとよい。

　面接をシステム化し、全社的に統一されたルールで運用するには、フレームをあらかじめ検討し、確立しておくと都合が良い。面接制度のフレームとは、面接を進めるステップの枠組みのことである。通常、前節で掲げたようなフレームを設けることで十分であろう。(「面接システムのモデル」参照)

【目標面接】…役割の設定・確認（職責の明示と目標の検討）
　　　　　　　　経営方針・事業計画
　　　　　　　　　↓情報の共有化

　役割　→　役割期待像（職務基準）の設定　←　能力期待像（等級基準）
（職責＋目標）　　　　　　↑
　　　　　　　　　　　　本人の意思

【中間面接】…問題の早期発見と軌道修正
　　　　　　① 役割（職務基準）の修正変更
　　　　　　② 進行状況のチェック
　　　　　　③ 指示、指導、助言、モラールの向上
　　　　　　④ 部下の意見、不満の聴取
　　　　　　⑤ 部内調整（応援、受援）

【育成面接】…事態改善のためのフィードバック
　　　　　　　　　評　価
　　　　　　　　　　↓（相互評価のやりとり）
　　　反省　→　　育成面接　→　次期目標の設定
　　　　　　　　　　↑　　　　　（目標面接）
　　　　　　職務改善と能力開発（OJT，OFFJT，SD）

面接制度の各フレームの中に織り込むべきそれぞれの要件がある。その要件とは、

① 場所的環境条件
② 信頼関係（コミュニケーション・スキルの向上）
③ 面接の要件

である。

4　面接制度の規程化と手引き（マニュアル）

　面接をシステム化し、効果的に運用していくには、全社的な運用基準が必要である。一つには制度の規定化があり、もう一つは現実の職場で面接をどう進めていくか、面接の展開方法の基準づくりで

ある。

　面接制度を既に導入している企業などの例をみると、制度そのものを規定化したものとして「面接実施規程」「能力開発面接制度実施要領」といったものがあり、その面接の具体的展開方法を基準化したものとして、「面接手引書（マニュアル）」「目標設定マニュアル」といったものがある。

　これらを別個にまとめている場合、また両者をひとまとめにしたものといった具合に各社各様である。やはり面接制度の定着を図り、効果を上げるには、システムとして"わが社の面接制度はこうなっています"を明らかにしたもの、すなわち前記「面接実施規程」といった規定に類するものと、"わが社の面接は、このような手順で、このような具合に進めてください"を示した「面接手引書」に類するものとの二つは最低必要である。二つの内容、性格からして、両者は別立てとして規定化、基準化していくのが適切である。制度運用実施に関する規定は、管理者と一般社員を含めて、全員がその適用を受けるところから、一本化してとりまとめておいたほうがよい。

　これに対し面接の進め方の手順に関するものは、面接の対象となる部下が直接必要とするものではない。そこで管理者用の手引きとしてとりまとめる。一方面接される部下のためには、被面接者用の手引きを用意する。部下が面接に臨むにあたって作成する「ミッションシート」「チャレンジシート」の記入について、上司を通じて徹底を図るように作られているケースもあるが、どうせ作るならば、作成する部下用のガイドとして、作る立場に立って別個にとりまとめるようにするのが親切なやり方である。このように考えると、システム化にあたっては、全社的ルールとしての実施規定、それを効果的に展開していく具体的方法を示した面接手引書、そして被面接者用に被面接者が記入提供する書式、様式の記入ガイドの三つに分けてとりまとめ、それぞれ用意することが望ましいということにな

るであろう。

　以上三つのものをとりまとめるにあたり、それぞれに共通していえることは、"最低これだけのことはやってほしい"を織り込むにとどめ、あれもこれもと欲張って、初めから一挙にベストの状態をねらわないことであろう。初めからそれをねらったとしても、適用を受けたり、活用するほうが不慣れや経験不足だと、重荷になったり、消化不良を起こすことが考えられる。導入時点で、"面接は大変だ、面倒だ"といったイメージを持たせ、面接アレルギーをつくってしまっては何にもならない。とにかく上司、部下双方にとってなにかメリットが期待できそうだ、といったイメージづくりをすることが重要である。

　面接によって役割（職務基準）を徹底するにしても、職種によっては職務編成の仕方も違うだろうし、期待目標の設定の仕方が違うのは当然である。またベテラン社員と新人社員を同じように面接するわけにもいかない。制度や規定をあまり細かくすると、それに拘束されてかえって運用に弾力性を欠くものとなる。面接は規定化、基準化された枠内で紋切り型的に行なうこと自体に無理がある。そこで規定や基準は大綱として設ける。そして小綱は運用の妙で補うというようにしていくことがポイントとなる。

(1) 面接実施規程のとりまとめ方

　それでは、"わが社の面接制度は、このようになっています"をとりまとめるには、何をどの程度織り込むようにするか、それを5Ｗ1Ｈにしたがって具体的に摘出する。

　① なぜ……わが社の面接制度の目的（ねらいをどこにおくか）
　② 何を……わが社の面接制度の中で話し合われ、確認される内容
　③ どのように……上司、部下が面接制度の中で果たす役割（そ

れぞれの立場で何をしなければならないか）また人事考課制度、その他の諸制度との関連性や面接の進め方の骨子などについて

④　だれ……だれがだれを面接するのか（面接者と被面接者）
⑤　どこで……面接場所（場所的条件などについて）
⑥　いつ……いつ面接するか（定期面接の実施時期）
⑦　その他……面接に使用する各種様式や資料、面接に関係する資料の保管や取り扱いなどについて

(a)　"わが社の面接制度"のねらい

　まずわが社の面接制度のねらいをどこにおくべきか。これについては各社各様の考え方があってしかるべきであるが、それらをまずはっきり示すことである。一般には、既に「面接制度のねらい」の項で述べたような内容のものがあるが、それらをいま一度よく検討したうえで、わが社の実態、面接制度に対する期待などを考慮してねらいを決めるのがよい。

　ねらいの中に是非付け加えるべきものは、一人ひとりの能力開発とその有効活用を通じての働きがい、生きがいの実現である。これこそ全従業員が共感を覚えるものであり、最大の関心を示すものであるからである。これまでは企業の論理から人を判断し、必要な能力を身に付けさせる考え方であった。しかしこれからは一人ひとりの目的と企業の目的のつなぎを考えねばならない。

　そのへんの関連性についても規程の中で明らかにしておけば、面接を通して役割（職務基準）を設定していく際の方向づけを示すものとなるであろう。要するにねらいの中に育成の論理を忘れてしまったのでは従業員にとってメリットの乏しいものとなってしまう。

(b)　**面接制度の中で話し合われ、確認されるべき事項**

　面接の焦点をぼやけさせないためにも、また効果的な面接がなされるためにも、最小限"これとこれについては、上司と部下でじっくり話し合い、確認しあってください"ということを具体的に示し

ておく。その内容については、前項の"わが社の面接制度のねらい"によって決まってくるが、一般的に話し合われる内容としてどのようなものがあるか列挙しておく。

① 過去一定期間における、担当職務についての遂行過程、および結果の分析、検討と評価、ならびに評価に基づく問題点と改善点
② 過去一定期間における育成プランの習得度
③ 今後の一定期間内に担当する職務について
④ 今後一定期間内に担当する職務の期待値や遂行レベル、遂行方法、および遂行上改善すべき事項について
⑤ 今後一定期間内に担当する職務を遂行するにあたっての啓発課題および修得方法について
⑥ 会社や上司への要望事項、改善提案
⑦ 組織人としての心構え
⑧ 企業を取り巻く環境動向の予測、過去の実績とその要因、今期の目標・方針について

その他、個人的な話し合いなど。

(c) **上司、部下が面接制度の中で果たす役割**
　　（何をしなければならないか、および人事考課制度、その他の制度との関連、面接の進め方の骨子など）

　上司、部下の面接における基本的役割を明確にしておく。それぞれの役割については、上司は部下に参画を求め、部門目標の設定、部下個人の目標設定に関与させるための情報の共有化。部下は参画を通じて改善提案し、両者は互いに知恵を出し合っての目標の検討——目標設定と評価——目標達成に臨むことである。この共同関係についてはぜひとも明記したいところである。また権限の委譲について——それも部下に思いきって挑戦させ、自主的に職務遂行にあたらせるには、思いきって上司が権限を部下に与えることに触れて

おく。これによってお互いの役割関係ははっきりしたものとなる。

面接制度と他の人事管理制度、例えば自己申告制度や能力開発制度などとの関連を明記しておくと、それぞれの制度のもつ意義や意図をより深く理解するうえで役立つであろう。

（上司の役割）―例―
- 会社、自部門、各部門の目標、方針の浸透徹底（情報の共有化）
- 部下個々人に職責を示す
- 部下個々人に目標設定のガイドラインを示す
- 目標に対するオーナーシップをもたせる
- 部下の立てた目標が、目標として具備すべき条件を備えているかどうかの検討と評価
- 合意と納得のうえで役割を決める
- 目標達成過程での部下の行動の観察、分析、記録、他部門との調整
- 目標達成過程における部下指導、問題解決そして中間チェック
- 目標達成過程の振り返り、未達原因の分析とアクションプランの検討、そのフィードバック
- 職務改善、環境整備
- 個別育成計画の作成、実施
- 次期チャレンジへの動機づけ、など

〔部下の役割〕
- 職責の確認
- 自部門、自己の目標設定への参画
- 上司に対する補佐（意見具申、改善提案）
- 他に対する協調、協力関係
- 自主管理（自己申告、自己統制、自己評価）
- 報告（情報提供）
- 自己啓発、など

〔人事考課制度、その他の制度との関連〕
  ・職能資格制度
  ・自己申告制度
  ・人事考課制度
  ・能力開発制度
  ・進路選択制度
  ・公募制度
  ・改善提案制度

などとの関連について機能的関連図(例えば「面接制度と人事考課制度との機能的関連図」)などを付しておくとよい。

〔面接の進め方の骨子〕

詳細については別途マニュアルとして作成するが、面接のフレームと簡単な説明程度は必要である。

(d) **面接者と被面接者**

だれがだれを面接するのか、だれはだれの面接を受けるのかを決めておく。原則として面接者は直属上司(人事考課の一次考課者)ということになるが、その企業の実態からみて、このクラスのものには、どのクラスのものが面接するのが適切であるかを慎重に考え決めるべきである。

職務の経験からいっても申し分なく、被面接者を掌握できる最も適切な位置づけにいる人が面接者として適任である。

また同一企業内においても、本社部門、工場部門、支店、支社などによって、一律に決めるわけにはいかない。そのへんを考えて、本社部門では、一般、主任、係長クラスを含めて管理職である課長が面接する。工場部門では一般、班長クラスを含めて係長を面接者とするといった考え方も、現状にあった一つの決め方といえる。

(e) **場所**

場所は面接の重要な要素である。この種の面接は、平常のスキン

シップを図る面接や、単なる業務連絡のための面接とは様相を異にするので、場所の選定には細かい配慮が必要である。

面接においては、まず面接にふさわしい場所の確保から始めなければならない。この場所の問題については、面接制度を既に導入していても、案外考慮がなされておらず、無神経に面接を行わせたり、行っていることが多い。極端な言い方をすれば、面接などどこででもできると、たかをくくった考えをする人がいる。しかし面接は二人の人間同士がひざを交え、話し合いに没頭するのである。お互いに腹蔵なく話し合えるような環境が望まれる。

面接制度を導入したものの、いざ面接という段になって、場所がなくて困るという話もよく聞く。面接場所をどうするか、直前になって慌てることのないよう、確保の見通しをつけておくことである。

できれば、面接場所としてふさわしい条件を徹底しておく。一般に面接場所としてふさわしい条件とは、

- 明るく風通しのいい部屋
- 外の騒音が聞こえたり、話し声が外に漏れない部屋
- 調度品や装飾品がやたら並べ立ててない部屋
- 採光や温度調節のできる部屋
- 広さは狭すぎず、広すぎず

ということになる。薄暗くて、ジメジメした倉庫の片隅での面接などは、とんでもないことである。机や椅子は、低めのものが良い。そのような場所を会社内で見いだすとなると、会議室、応接室、ミーティングルームなどがこれにあたる。もちろん、相談室や面接室があればこれにこしたことはない。しかし、これらの場所に限定してしまうと、スケジュール通りに面接できないということもあるので食事時間以外の食堂、ロビーなども場所として予定しておくことも必要である。各部門が時期を同じくしていっせいに面接を始めると、場所の奪い合いになっても困る。面接の日程を調整して、限られた

場所をうまく使うようにしなければならない。以上の点をあらかじめ徹底しておく。

(f) 面接の実施回数

(ア) 目標面接

制度の運用上、面接時期を定め、規定しておかなければならない。一般に目標面接の時期は、当該事業年度のスタートに照準をおくことになる。事業年度にあわせて、一年に2回の面接では間があきすぎるので、中間チェックのための中間面接を設ける。目標面接は最低年2回、六ヶ月サイクルとするのが適切であろう。もっとも課長、部長クラスであれば年1回でも良い。また面接時期については、考課時期に併せて設定することも考慮する必要がある。

(イ) 中間面接

正直なところ、年2回程度の面接では不十分といわざるをえない。面接制度の中で話し合われ確認されるべき内容について、半年分をまとめて話し合うといったことは、よほどの面接の達人でもないかぎりやりこなせるものではない。一般に一度の面接で話し合う内容は時間にもよるが多くてせいぜい二つか三つぐらいが適切と経験的にいわれている。あれもこれもと欲張っても、内容の充実した面接とはならない。そこで面接を中途半端なものとしないよう、日を改めて行なうといったことも考えなければならない。

それに半年に1回ぐらいの面接では、面接する方、される方とも、不慣れによるマイナス効果が働き、一層内容の薄い面接になってしまうことも考えられる。変化の激しい時代だからこそ対話が必要である。状況に応じて行なう面接、それが中間面接である。

(ウ) 育成面接

年2回、事業年(期)度の終了に合わせて実施する。また、時期については、目標面接と並行してもよい。

【面接の時期】…例

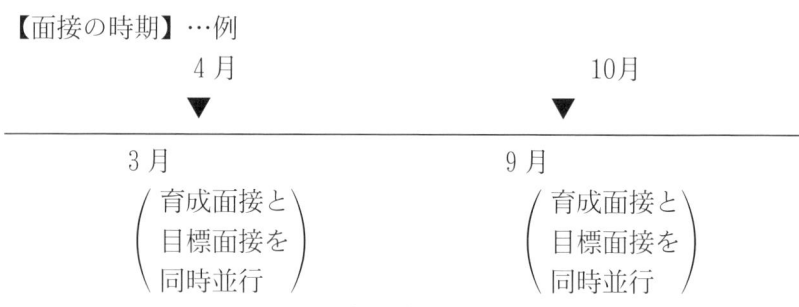

```
                4月                        10月
                 ▼                         ▼
─────────────────┼──────────────────────────┼─────
      3月                       9月
   ⎛育成面接と⎞              ⎛育成面接と⎞
   ⎜目標面接を⎟              ⎜目標面接を⎟
   ⎝同時並行 ⎠              ⎝同時並行 ⎠
```

　　　　　　　　※中間面接は随時

(g) その他

　その他としては、シート等の保管をどうするかについて規定しておく。普通、シートの保管は五年ぐらいの期間を設ける。

　更に配転時のシートの取り扱いについても明らかにしておく。通常配転になる部下には、シートで引継ぎをさせるとともに、新配属先には、配転になる部下のシート＜写＞を回付する。また上司が配転になるときは、後任に部下のシートを引き継ぐ。それと配転後の面接についても、いつどのように行なうかについて規定しておくべきである。

　制度や規定づくりは、人事企画担当スタッフが中核となって、企画、立案に当たることが適切であるが、企画、立案の過程では、何らかのかたちでライン部門とのコンタクトを図りながら、制度化を進めていくことが望まれる。

　大体新しいものを導入するときは、不安や抵抗はつきものである。特に面接という言葉のイメージから、いささか神経過敏とも思われるような反応が、社内のあちこちから出てくることは、十分予測されるところである。

　そこで導入の円滑化を図るためにも、導入に関する通達一本で済ませるだけでなく、併せて職場単位の説明会を開き、全従業員に趣旨を徹底し理解を求めるとか、管理者を対象とした導入時の集合研

修、導入後のフォローアップ研修を行うなど、面接制度に対する全社的コンセンサスづくりをしておかなければならない。次に、これから面接制度を検討される方々の参考としていただくために、規程を紹介しておいた。

(2) 規程例【面接制度実施基準】

1. （目的）　この面接制度の目的は、従業員一人ひとりの自己啓発を中心とした能力開発と、上下間のコミュニケーションの円滑化を通じて意欲の向上を図り、より高い業績の実現を図ることにおかれています。この制度において大切なことは、各自が職務や、達成しなければならない目標や、啓発しなければならない目標を自らが立て、自己申告することにあります。

　そしてその申告を受けて、上司は部下（申告者）とひざ突き合わせて話し合い、部下の適正な目標設定や、目標達成のための援助活動を行なうことにあります。

2. （目標、方針の提示）　上司は来期の全社目標と方針、および部門目標、方針を提示しそれを部下に徹底を図ったうえで、個人別に目標設定に臨ませてください。

3. （自己申告）　別紙「チャレンジシート（以下シートという）」に記入、提出します。自己申告にあたっては、「シート記入手引き」に従ってください。

4. （実施方法）　面接は次の要領に従って行なわれます。

A　定期面接（目標面接と育成面接）

　① 第1回面接（原則として○月中に実施）

　　イ、各人は「シート」に記入のうえ、上司に提出し、別途決められた面接日に上司の面接を受けてください。

　　ロ、面接は自己申告した内容を中心に、上下の間で徹底的に話し合ってください。話し合いが終わったら、修正すべき箇所があ

ればそれを修正し、相互確認の上捺印し、写し一部を上司宛に提出してください。

② 第2回面接（原則として〇月中に実施）

イ、上司は個人別指導表や、個人別観察記録表、部下の「シート（写し）」をもとにフィードバックし、中間チェックをしてください。部下は「Cカード」を持って面接に臨んでください。

ロ、その際上司は、指導不行き届きの有無について振り返りながら、今後どのようにすればよいかについて、部下と話し合ってください。

ハ、状況によっては、職務基準の変更、開発目標の変更があってもかまいませんが、部下の将来を考え、部下のプラスになることを念頭において話し合い、双方の理解、納得に立って決めてください。

③ 次年度の第1回面接（前記①の面接）

イ、上司は過去一年間の個人別指導表、個人別観察記録表、および部下の「シート（写し）」その他人事記録などをもとに、成績考課、情意考課、能力考課について、それぞれフィードバックしてください。部下はフィードバックを受ける際、「シート」を持って臨んでください。

ロ、フィードバックが済んだら、上司は次年度に対する上司自身の目標、方針ならびに部下に期待し要求するものを提示し（口頭で可）、それについて部下と話し合ってください。

ハ、そのうえで、次期記入用の「シート」用紙を部下に渡し、記入提出を求めるようにしてください。

B　随時面接（中間面接）

上記定期面接にかかわらず、上司は部下の職務遂行状況、自己啓発状況の把握、日常の接触指導のための面接を、随時意図的に行なうように心掛けてください。

5. 面接者と被面接者
6. 「シート」の取り扱い

　① 「シート」の記入対象期間は○月○日より、次年○月○日までとします。

　② 上司（写し）、および部下（正）が各自保管し、面接時には資料として活用してください。

　③ 保管期間は○年間とします。

　④ 部下が異動により所属が変わった場合は、上司は所属長経由、新配属部門の所属長宛、上司保管の（写し）を送付してください。なお、部下には当人保管のものをそのまま持参させてください。

　⑤ 上司の異動が行なわれたときは、後任に部下全員の「シート」を引き継いでください。なお、後任者は、着任後随時部下との面接を行なうようにしてください。

【能力開発面接制度　〜Ｘ社における面接制度】

1. 能力開発面接制度のねらい

　20ＸＸ年度より実施することになりました「能力開発面接制度（以下面接制度）」は、従業員一人ひとりを見つめ、個々人の進歩向上を図ろうとするものであります。新しい知識を求めたり、技能を習得したり、また仕事や互いの人間関係の場で、個々人の能力のレベルアップを実現していくことは、人間の持つ"己の成長を願う"基本的な欲求のひとつだといわれています。職場生活における生きがい、仕事に対するやる気、仕事や上司に対する不満、お互いの葛藤、対立、職場生活における無気力感なども、これら基本的欲求が充足されるか阻止されることによって発生する問題です。

　個人における基本的な欲求を充足するための、能力開発の具体的行動とはどのようなものであるべきでしょうか。それは"各人がそれぞれの責任において自らを研磨する行動"であることが、もっと

も望まれるところです。これは社内においては、"職務を遂行し、自己のかかげた目標を達成することが、すなわち自己の研磨——能力開発である"とする、「職場内での自己啓発（仕事の場が能力開発の場）」そのものを意味しています。

その他、職場における能力開発の成果は、さらに能力の有効活用というかたちで、ある場合は、職場の能率の改善に役立ったり、職場の人間関係を円滑化するのに役立つこともあります。また職場だけでなく、良き社員として、更には良き社会人として力を発揮することを求められたときに役立つこともあるでしょう。このたびの面接制度は、年二回、上司との個別面接を通して、一人ひとりの半年間の職場における成果を話し合うことによって、能力開発の状況を吟味し、自己向上のためのニーズを発見し、加えて能力開発の将来の計画について検討することになっています。この面接によって個々人は、自分の職場における成績や業績を通して自分の進歩の程度を客観的に認識する機会をもつことができ、自分の不十分な点の発見、その原因の分析、改善の方法と見通しなどについて理解するきっかけが与えられます。また上司に対して自己の成績や業績、自己啓発の成果を、評価の資料や情報として伝える機会ともなります。

上司にとっては、部下一人ひとりの自己啓発の良きアシスタントとしての役割を果たすと同時に、個別面接の成果として、部下掌握上の問題点や、職場内教育の問題点、指導方法の改善を発見することができます。以上の考えなどからこのたびの面接制度の主たるねらいをまとめてみますと、

① 職務の遂行状況、遂行結果から、自己の進歩向上の跡を振り返り、長所、短所をありのままに受け入れる機会を設け、自己理解に基づく自己啓発の態度を養う。

② 自己理解に基づく自己啓発の目標を、上司の協力をもとに自主的に立てることによって、職務に対する関心を深め、責任感

を醸成することに役立たせる。
③　上司との人格的なかかわり合いをもつことによって、互いの意見や考えを理解しあう。
④　部下個人の能力、適性を的確に把握し、それを効果的に発揮させ、有効活用を図る。
⑤　部下個人の職務遂行上の問題点、育成ニーズを具体的に把握し、個を見つめた育成プランを立てることができる。

2. 実施要領

この面接制度は、あくまでも部下とその直属上司との関係を中心とするものです。したがって「能力開発面接表」は、当人と上司との間の共同作業で作成されるものとします。

　①　対　象

面接の対象者は、男女正規従業員とします。ただし、嘱託、臨時、パート契約の者でも準社員扱いの者、および会社が特にその必要性を認める者については面接該当者とします。面接は原則として直属上司が行なうものとします。

　②　方　法
　　イ、人事課は毎年3月および9月下旬に各所属長宛、能力開発面接表（以下面接表）を送付します。
　　ロ、所属長よりその面接表を受けて、各直属上司は、あらかじめ面接者と面接日を調整決定し、面接日の少なくとも一週間くらい前に面接表を手渡し、記入を依頼します。その際、面接日を予告し、面接日の事前に、面接者が記入した面接表のコピーを提出させます。
　　ハ、面接は4月および10月中に実施します。
　③　場　所
　　イ、面接場所は、面接する人、される人が、ともに落ち着いて話すことのできる場所を選んでください。

ロ、他人の出入り、話し声、電話の呼び出しなどに気を取られない場所で行なってください。本社の場合であれば、各階会議室、食事時間以外の食堂、ロビーなどが適切ですが、上司の席へ呼んで話し合うことも考えられます。

ハ、面接は職場内で行なわれるべき性質のものであって、社外の飲食を伴う場所などで行なう個人的な話し合いとは、原則として区別してください。

④ 面接後の取り扱い

イ、面接終了後、面接者は所定事項を記入し、当人が確認印を捺印したうえで所属長に提出し、認印をもらうようにしてください。

ロ、所属長の認印を得た後は、正本を当人に返し、コピーを面接者が保管します。（面接者と直属上司が異なるときは、直属上司もコピーを保管する）

　この面接表は当人の成績、業績や、成長を示す重要な資料であるから、保管には十分注意してください。

⑤ 面接の進め方

イ、面接を進めるにあたっては、「面接マニュアル」を十分そしゃくし、効果的に行なうように心がけてください。

ロ、面接に関する疑問や問題が生じた場合は、人事課と調整のうえ対処してください。

ハ、面接には、「職能マニュアル」「課業一覧表」「分担表」さらには「能力開発制度」などを手許に置き、上司、部下で十分活用してください。

3. 面接表の活用と管理

① 当　人

イ、常に自分の能力開発目標に照らして、その進歩の状況をチェックし、自己反省してください。

ロ、面接の際、上司から受けた助言や指導などについては、職務遂行にあたって十分活かすように心掛けてください。

ハ、面接表は、当社における"あなたの成長の足跡"を示すものでありますから、年度順にファイルし、大切に保管してください。

② 上　司

イ、部下掌握のための資料として常時活用してください。

ロ、面接のやりっぱなしに終わらせないよう、絶えず面接表によるフォローアップを行なってください。

ハ、部下の職務遂行途上においては、職務遂行の手段、方法、変化への対応は、極力本人に任せることによって本人の能力を伸ばし、また十分能力が発揮されるように仕事を与えるよう、心掛けなければなりません。

ニ、職務に関し部下と情報交換したり、改善提案を求める際の資料とします。

ホ、上位職から部下の面接表の提示を求められた場合は、いつでも提示説明ができるよう整理保管しておいてください。

ヘ、面接表は部下の能力を示す資料ですから、部下がほかに異動した際には、直ちに配属先の上司に回付してください。

"能力開発面接表の記入にあたって"

　この能力開発面接表は、あなたの能力を開発することをねらいとして作られたものです。あなたの能力開発については、会社としても大きな関心を持っております。しかし、あなたの能力を開発し、大きく伸ばすことをだれよりも一番強く願っているのは、ほかならぬあなた自身のはずです。

　したがって、この面接表はただ書けばそれでよいというものではなく、どうしたらあなたの能力開発に効果的に役立てる事ができるか、そのことをまずあなた自身の成長を図るときの目標となるもの

です。自分の能力のレベルを向上させるにしても、それを達成するためには「計画」が必要です。この面接表は、その計画書としても利用価値のあるものです。

　この面接表は、人に見せるために書くのではないといいましたが、それはあなた自身の秘密にしておいたほうがよい、という意味ではありません。ここでねらいとしているのは、仕事を通しての能力開発ですから、それを考えるならば、あなたと一緒に仕事をしている人々、特にあなたの上司や先輩の協力を得たほうが、むしろつごうがよいといえます。そのようなねらいから、面接表の内容については、上司とひざ突き合わせて話し合い、上司にも十分理解してもらったうえで、決めていくことに意義をもたせています。この面接表を書き込んだ後、上司と十分話し合ってください。そうすることによって、あなたの自己啓発は、一段と促進されるでしょう。

"管理監督者手帳配布の件"

1. 能力開発面接制度と管理監督者手帳

　能力開発面接制度は、企業内教育の基本である職場内教育の柱となるものですが、この面接を、日常の管理監督業務である部下掌握に結びつけるために、この度管理監督者手帳をつくりました。

2. 記入方法

　① 面接の段階では、開発目標と併せて業務目標、改善目標についても部下と話し合い、部下との合意、納得のうえで決めてください。この三つの目標については、部下個人の向う半年間の育成を考えていくうえで基本となるものです。

　② 業務目標、改善目標は、従来からの目標管理の考え方に準じて、具体的に何をどのくらい、いつまでに、どのようにを明確化しておいてください。特に部下のレベルアップという観点から、当人の能力より高めにおき、しかも当人の努力によって達成可能なものとするよう考慮してください。

③　開発目標については、業務目標、改善目標を達成するために必要な当人の育成面の必要点を明らかにしたうえで、設定に臨んでください。

④　各月の指導上のポイントは、いわば半年間の中間目標にあたり、それらの目標達成のために必要とされる、その月のより具体的で詳細な指導上の内容を指します。

⑤　いずれの目標も、当人の合意、納得を得るまで、十分に話し合ってください。目標については、まず業務目標、改善目標について話し合い、そのような目標を達成していくうえで、何を、いつまでにどの程度身につければよいかを課題としてとらえ、その修得方法と併せてそれを開発目標として設定するよう動機づけてください。

⑥　当人の成長を、上司として何よりも願い、常に強い関心をもっていることを示すとともに、成長の跡を当人にフィードバックすることが大切です。

⑦　部下の行動の観察、分析は、今期の各目標や、各月の指導上のポイントに焦点をおいて行なってください。なお、観察、分析結果については、つど手帳に記入し、記録に残すようにしてください。（忘れないうちに書く）

⑧　手帳に記録する際には、具体的にありのままを書きとめてください。

⑨　手帳の保管については、特に細心の注意を払ってください。

⑩　手帳を「エンマ帳」と思わせるような取り扱いをしないでください。

Ⅱ 目標面接の展開

　役割は組織上から要求される職責と、それを受けて自ら仕掛ける具体的行動計画の目標で構成されるが、それは目標面接の場で設定、確認される。個人が与えられた仕事をこなしているだけで評価される時代は終わり、急激な変化の中でどれだけ斬新な企画を提案できるかで社員の能力が評価される時代となっている。上司は基本的任務を伝えたら、後のやり方は部下に任せたらよい。

```
　　上司から与えられる ┐
　　　　　　　　　　　↓
　　　　　　　　　　『職　責』
　【目標面接】　→　　＋　　＝　『役　割』
　　　　　　　　　　『目　標』
　　　　　　　　　　　↑
　　部下が仕掛ける ┘
```

1　目標面接の仕組み

　目標面接は図—19のようにミーティングと個別面談で組み立てられる。

図―19　目標面接の仕組み

（役割の確立）

ミーティング
- ①情報の共有化
  （環境動向の予測、過去の実績とその要因、今期の部門目標・方針、重点計画と実施方法など）
- ②職責の明示と確認
  （経営目標や部門目標から各人への基本的任務と職務分担、部門内の相互協力関係など）

（7日～10日の間をおいて）

個別面談
- ③具体的行動計画（目標）の設定
  （ミッションシートによる実行プランの作成）
- ④具体性、実現可能性、効率性、貢献性の検討
  （チャレンジ目標の説明と内容検討）
- ⑤目標の設定、確認
  （具体的行動計画とチャレンジの合意確認）

2　ミーティングの事前準備

　一般的にモチベーションは、トップの顔が見え、一人ひとりは自分の仕事とその頑張りが確実に企業の成長に貢献していることを実感できる時に高い。全員が同じビジョンを共有できないと、モチベーションは低下する。今一番大切なことは、ビジョンとミッションを明確にし、進むべき方向を決め、全員が力を合わせることである。そこで、面接により、部下個々人に対し、職責を明示し、今期、今年度の目標を設定するには、まず管理者が担当する部門（部または課）目標を決めておかなければならない。これがはっきりしないことには、部下の役割が設定できないからである。

　部門の目標は、トップから示された経営目標を必達するため、何と何をどの程度やらなければならないのかの具体的行動計画を立て、その中で一人ひとりの職責を明確にする。そこで管理者はミーティングの前に次のステップで戦略的ビジョンを策定せねばならない。

Step ①使命の明確化

> 部門ミッションの確認

Step ②現状の分析

機会	脅威
強み	弱み

Step ③課題の抽出

> 意義の発見

Step ④目標化

> 具体的行動計画の策定

Step ⑤職責の編成

> 職責分担表の作成

各ステップ毎での検討にあたっては、次の点に留意する。

(1) 部門の使命の明確化

今、自部門に何が期待されているのかを上位の目標、方針との連鎖で考える。これがまず自部門の目標設定をする第一歩である。管理者は、部下とのコミュニケーションを図っておくこととおなじよ

うに、上位職とのそれも、しっかりとしたものにしておくよう心掛けるべきである。常日頃の上位職との結びつきの中から、上位職の意図や考え、管理者に対する期待などを把握するように努めておれば、自部門の目標を設定しなければならない時期がきたときに、上位職から具体的な目標が示されるのを待つまでもなく、むしろ積極的に、上位職の方針に沿って自部門の目標を決め、上位職の承認を得ることができる。このような管理者の仕事ぶりこそ、まさしく上位職に対する最高の補佐といってよい。常日頃から、上位職とのコミュニケーションを図っておけば、上位職の腹が読めるようになる。考えていることや意図していることがだんだんわかるようになる。この期におよんで上位職から格別の方針や目標を示されずとも、上位職の期待どおりの、あるいは期待以上の目標でもってレスポンスすることができる。上位職に対する補佐の意味は、このような管理者の行動をさしているのである。管理者の部下も、このような上司の姿をみて、上司を積極的に補佐するようになる。使命は日常の具体的な仕事そのものではなく、その組織の存在理由を概念的に捉え表現する。つまりその背景にある目的が組織使命となる。通常それは三つの要素で明確化するがそれは、

　その組織が貢献すべき
　① 対象（誰、どこに対して）
　② 内容（どんな内容の貢献か）
　③ 方法（どんなやり方か）

を明らかにし、それを『～を通じて、～を実現し、～に貢献する』と表現すればよい。あわせて仕事上の留意点を付記するとよい。

【明確化のチェックポイント】
　① 部下や関係者がなるほどと納得する内容でなければならない
　② 日常に仕事を考える枠組みとして役立つ表現でなければならない

③　具体的で、本音の期待を捕らえた表現でなければならない
④　表現に正解はない、数値目標が内容に入ってもよい
⑤　自部門が存在しないと何が困るのか、誰が困るのか、と言った組織の存在理由、存在価値などを明らかにする
⑥　トップの訓示やメッセージなどからキーワードを見つけ出す、等、会社が今、自部門に何を期待しているのかを自分の言葉で簡潔に書けば良い。

(2)　部門の現状の分析

　上位職の目標、方針を確認し、社内外の諸々の要素を斟酌すれば、そこに上位職の目標を達成するには、いくつかの問題点があることが発見される。恐らく上位職が期待する目標は、決してなまやさしいものではなく、現時点における条件のままでは、おそらく達成は、極めて困難といえるものであろう。

　そこで、上位職の目標、方針の確認ができたら、社内外の諸々の要素を斟酌し、自部門の現状を経営戦略論の分析手法を用いてつぶさに分析せねばならない。そこでの情報の収集・分析をもとに次の課題発見につなげねばならない。問題の本質を見極めるためには、情報を多く集めることが必要で、情報は多ければ多いほどよい。分析は、組織使命を果たす上で、外部環境要因でのプラス面（機会）とマイナス面（脅威）にわけて、そして内部組織要因でのプラス面（強み）とマイナス面（弱み）に分けて分析する。

（外部環境要因）
・政治、経済（法的規制、行政の動き、景気、金融など）
・天変地異（自然現象、季節変動など）
・国際情勢、社会情勢、業界動向、競合他社（技術上の動向）、市場（マーケットの動き、顧客ニーズなど）、関連会社や他事業部門などとの利害関係

・労働的環境、科学的環境、地域環境など

（内部組織要因）
・自部門のノウハウ、仕事の進め方
・メンバー（自分、部下）の能力水準、モチベーション
・自部門の設備、予算、情報の収集具合、立地条件など

（機会）
　現在の状況がこのまま続いたら、自部門にとってメリット、追い風、ビジネスチャンスになると考えられる事項

（脅威）
　現在の状況がこのまま続いたら、自部門にとってデメリット、逆風、リスクになると考えられる事項

（強み）
　業界水準および他部門と比較して、その水準が高いと思われる事項、あるいは外部環境要因における機会を活かしきる能力、脅威を克服する能力があると思われる事項

（弱み）
　強みの逆、つまり内部組織要因で業界水準および他部門と比較して、その水準が低い事項、あるいは外部環境要因における機会を活かしきる能力、脅威を克服する能力が不足していると思われる事項

【現状分析をする上でのポイント】
① 事実、状況の把握には裏づけが必要
② 自分にマイナスになる事実も直視する
③ 森も見て木も見る。森を見て木を見ないのは総論ばかりで各論がないということになる。一般論、抽象論ばかりで具体論がないということでは困る
④ 今起きている事象から将来を演繹的に予測する
⑤ 社内の状況変化から現状をつかむ……など

分析は、過去からの流れも意識しながら、目標設定期間を考えて、出来る限り事実を簡潔に書き出す。部門としてなすべきことや解決策、あるべき姿を書くのではなくあくまでも現状の事実を把握する。当たり前のこと、書きにくいことでも常日頃考えていることを書き出す。社内や業界で当たり前とされていることを当事者として本音で書き出す。

(3) 部門の課題の抽出（問題解決）

　情報の中から、強み、弱み、そして機会、脅威を分析したら、それらの組み合わせから部門としてなすべきこと、今期はここに力点をと考えて課題を導き出す。上位目標達成の障害となる問題点を抽出整理し、自部門の目標を部下にブレークダウンする事前にその問題解決や、改善を含めて検討しなければならない。

　概して部門レベルで設定される目標には、問題解決指向のものが多いと考えてよい。それは、先ほど述べたとおり、上位職の打ち出す目標は、多分に現状のままでは達成が見込めないほどのものであるからだ。そこで、どうしても部門目標は目的思考で、問題解決指向とならざるを得ないのである。

　問題解決に、早過ぎるということはない。すくなくとも、部下にブレークダウンする前に、考えられる問題点とその解決策について一通り検討してみる。もし、上位職の方針の範囲、自らの権限内で解決可能ならばともかく、そうもいかない場合は、解決策ならびに解決する場合の条件について上位職と調整の場が必要である。

【課題を導き出すポイント】
① 役割を実現する手段、もしくは主な障害要因を課題とする
② 機会をより活かし促進する方法は、何があるかを考えそれを課題とする
③ 脅威を機会に変えるにはどうしたら良いのか、その手法を課

題とする
④ 脅威を避けるための方法を課題とする
⑤ 強みを活かす方法は何かを考え、それを課題とする
⑥ 弱みを克服する方法には何があるかを考え、その手法を課題とする

(4) 目標化

課題が抽出されたら、その課題ごとに「その課題が解決できたらどのような状態になるか」を思い描いた状態、その原因をとり除いた状態などつまり落とし処が部門目標となる。それは「何を、どこまで、どのように、どうする」といったものだが具体的には次の三つになる。

(a) 成果項目

職場使命のための仕事の効果を確かめる管理項目でもある。課題を具体的な内容に翻訳したもので、そのことが達成されれば仕事の成果が上がっているといえる項目である。仕事には構造があり、この構造のポイントになる部分を項目とすればよい。また成果項目の大きさに一定のルールはないが、その項目に焦点を当てて評価するに足りるかということがヒントになる。手段に見える成果項目であっていったん設定されればそれはその職務の責任となり、それが達成できなければ評価にも跳ね返る。上位方針に影響をあたえる要因を考え、それを目標とする。

(b) 達成基準

成果項目ごとにゴールを設定する。ゴールの設定に際しては客観的な評価が可能な形で表現することが条件となる。定量的目標は当然のことで定性的目標も数値化することが望ましい。定性的目標の場合、現在の課題が解決されたらどこがどう良くなるのか、その良くなったと証明できる指標、あるいはその状態についてゴール化す

る。また達成手段とそのスケジュールなどをゴールとする。

(c)　遂行基準

　問題解決の達成基準つまりゴールが決まったら次に遂行基準を明らかにする。

　目標を達成するための手段は何か、その手段を達成するための手段は何かというように、一つの目標から手段を連鎖的に考える。ワンパターンではなく不要な業務は取りやめるなど最も効果的なやり方、リソースの有効利用を模索する。達成手段は実現の可能性を判断できる程度に具体的かどうか、またそれは組織の方針に合致しており組織業績への貢献性はどうか、そして目標達成の効率、つまりうまくいくための協力、支援体制などを明らかにするなど、仕事の進め方のポイントを明確にする。現状と達成基準とその遂行基準を対比し、その差を埋める手段とは何かを分析する。遂行基準のない目標は単なるノルマになってしまう。部下を成功させることを念頭に十分に練ることが求められる。目標化には人、金、時間、情報、技術、方法、資材、場所、設備などを投入する必要があるが、それらはすべてコストになるものであるから、その投入を最小限に抑えるべく、バランス感覚を怠ってはならない。最小の投入によって最大の効果を上げることに工夫を凝らさなければならない。

(5)　職責の編成（分担マトリックス）

　部門課題、目標の達成のために上司と部下、部下同士そして他部門との関連性をよく考えて、各人が貢献すべき分担を決める。単に部門目標をメンバーに割り当てるということではなく、各人各様の職務デザインを意識しながら明確化する。具体的には部下の能力、適性、キャリアは勿論のこと、チャレンジと育成につながるもの、そして部下相互のバランス、協力関係が得られ全員が職責を達成すれば部門目標がクリアするかどうかも考慮する。また各人の中で職

務が変化しているかどうか、誰かに負担がかかりすぎていないかどうかも考えねばならない。

【職責編成の留意点】

① その職位に必要な基本的任務はすべて与える
② 実力相応の職務を与えれば、おそらくは間違いなくやり遂げてくれるはずである。『実力評価→職責編成→達成度評価』というサイクルが継続されるなかで、職責編成の完成度は高まる
③ 職責とは仕事があって、その仕事を最適な人が担当することで決まる。仕事そのものは人と離れて客観的に存在すると考えられるが、この仕事はこの人が担当するというように、人と仕事が結びついたものが職責といわれるものであって、責任事項とはこの意味での職務と考えねばならない。この点から責任の明確化は、まずもって職務の明確化でなければならない。そしてその職務は課業によって編成される。（図—20参照）責任の所在が不明確である場合の多くは、要するに分担された職務が不明確であることにある
④ 仕事の分担が明確であれば権限もまた明確となるが、もし仕事が不明確であれば、権限もまたおのずから不明確にならざるを得ない
⑤ 役割はこれを遂行する義務を伴うものであり、またこの義務を遂行するための権限を必要とするものである。この意味において役割は、職務と責任と権限の三位一体をなしているものである。この責任と権限の出発点をなすものが職務である
⑥ 過剰な職責は、終身雇用制を前提とするならばある程度やむを得ないがそうでなければ労働力の流動化の時代には合わない

図―20　職責と課業

```
職位→役割←「職責」＝職務←「課業」←単位作業←動作
```

　部門目標を策定し上位職との個別面談でその内容を提案、検討して部門長としての役割が確認できたらミーティングに入る。

3　ミーティングの実施

　管理者が部門目標を、確信と自信を持って決められるような場合でも、部門目標設定に部下を参画させるというステップを踏むことによって、その後のブレークダウンを効果的に行なうことができる。上位目標が、自部門の現状からみて厳しいものであればあるほど部下達と一緒になって考え、目標設定に臨むべきである。

　管理者とて万能ではない。今日のように複雑な経営環境のもとでは、管理者が下す決定がいつも正しいとは限らないし、時として誤った判断をすることもありうる。そこで、部下との情報交換が大変重要な意味を持ってくる。部下を自部門の目標設定に参画させるということは、部下の"承認を求める欲求"や"自己実現の欲求"を充足し、部下を動機付けることに加えて、その動機付けを強化し、行動化を促すことにもなる。情報を与えるということは、逆に部下からの情報入手を可能とする。上司は自分の知りえた情報を可能な限り部下に与える。そのような上司の行動にこたえて、部下も積極的に情報を提供するようになる。しかし、現実には、情報をなかなか与えたがらない上司がいることもまた事実である。部下にあまり情報を与え過ぎるといろいろ文句が出てうるさいとか、会社の内情が明るみに出てまずいのではないかというのが、そういった管理者たちの言い分のようであるが、よく考えてみれば、それは取るに足りない取り越し苦労である。そのような考え方の背景には、"由らし

むべし、知らしむべからず"の、人は信頼できないといった人間不信がある。先々が見通せる成長時代の指示、命令、——統制——査定——によるマネジメントの場合は、部下にさほどの情報を与える必要もないであろうが、変化の激しい革新と創造の時代で、かつ部下との合意と納得によるマネジメント、自己決定、自己統制に期待するマネジメントにおいては上司と部下との情報の同時共有こそが、成否の決め手となる。部下は情報を得ることによって、上司の意図や立場の理解ができるようになるばかりか、自分のおかれた位置づけ、今後の職務の見通しと方向づけ、解決しなければならない問題などを自ら判断できるようになる。与えられた情報によって、部下が会社のことをいろいろ知れば、それだけ会社に対する帰属意識が高まると考えてよいのではなかろうか。部下の文句にしても、それだけ会社のことを思い、考えるからこそ言うのである。文句を言うからには、それだけ問題意識も旺盛なはずである。会社がどうあろうとも、何も言わないし、何も言えないような部下よりも、はるかに会社にとって有能な人物と見てよい。

　情報がないと、部下は暗中模索の中で、右も左もわからない状態におかれる。仕事をやれといわれても不安でしかたがない。そこで情報をさまざまなルートで入手しようという動きを見せたり、わずかに知りえた断片的な情報を手掛かりに、あれこれ類推、憶測して判断するようになる。そして俗にいうインフォーマルな情報屋が組織の中で重宝がられるようになり、流言飛語や似非情報が入り乱れ、かえってつまらない情報が社外に流出して、会社のイメージをダウンさせることにもなりかねない。部下は知る権利を有するとともに、上司は知らせる義務がある。それあってこそ、互いの情報のギブ・アンド・テイクができ、またお互いの立場や状況が、分かり合えるようになるのである。

　これは、ある会社の管理職に直接伺った話である。その方のかつ

ての上司の一人に、会社の情報を何ひとつ知らせようとしない人がいたが、その頃は、全く毎日毎日がいやで、言葉は悪いが、日雇い労働者みたいなものだったと述懐されていたが、この話を聞いて身につまされる思いをされる方もいるのではないだろうか。

　情報の与え方としては、部下全員が同時に共有できることが望ましい、差別扱いしてはならないのだ。最も望ましい状況をいえば、会社で今日あった事は、今日中に、管理者以下末端の新入社員に至るまでが、各人のレベルにおいて情報の意味を等しく理解していることであろう。ある部下には情報を与えるが、ある部下には与えないということになると自分の周辺に取り巻きをつくってしまうことになる。旗本を作ってはならない。情報を与えられた部下は、その時点では大いに満足するかも知れないが、与えられなかった部下は快く思うはずはなく、ますます上司から遠ざかって行ってしまう。

　そのあげくに上司と部下、部下相互の人間関係を悪くし、組織の結束力や凝集力を弱めてしまうことになる。

　職務遂行上必要な情報はすべて与えておくと、職務遂行過程における自己管理がやりやすくなる。また職務遂行結果に対する自己評価、自己反省もできるようになる。そして自己反省の結果は、次なる自己啓発意欲につながっていく。

　すべての部下が、目標達成指向的な態度を身につけているわけではない。目標達成指向的態度とは、自己啓発意欲が強く、より高いレベルの目標に向かってチャレンジしていく態度のことをいう。これに対して、作業指向的タイプといわれている部下も幾人かはいるはずである。このタイプは、与えられた仕事はどうにかこなすが、言われたこと以上には、なかなかやろうとはしない。どちらかといえば、改善や問題解決すべき余地が全くないようなルーティン的な仕事をやりたがる。

　創意工夫は苦手のタイプである。この作業指向的といわれている

態度はなかなか改まるものではないが、参画を通じて、作業指向から目標指向へ、多少なりとも態度が変わることは確かである。

(1) 情報の共有化

部門長は計画や方針を部下に自らの言葉にして伝えなければならない、自分の言葉でなければその思いは相手には伝わらない。部下はその内容に共感してコミットメントした時に最大の力を発揮する。マクロからミクロの情報を全員で共有し、そのうえで、管理者は部下一人ひとりに職責を明確に与える。そのうえで、上司と部下、部下同士が相互の協力関係を確認することになる。

部門ミーティングには全員を参加させ、次のような内容の周知徹底を図ることからやらなければならない。

全社的目標、方針を踏まえたうえでの自部門の使命、取り巻く現状分析と課題などについて全員で共有化をはかる

① 既に示された上位者の目標、方針について説明する
② 自部門の現状を分析した結果について説明する
　　イ　現在の目標達成状況、達成の見通しなどについて
　　ロ　未達成の状況とその原因の分析、現時点の問題点などについて
　　ハ　次期以降にもちこされそうな問題点や課題について
③ 上位者の目標、方針を受けての自部門の目標、方針のアウトラインを説明する

(2) 職責の明示と確認

(a) 経営目標や部門目標から各人の基本的任務と職務分担について説明する

職責とは、部下が今後一定期間やろうとする仕事の明細であり、仕事の性質や種類を書き出したものである。通常は「課業」の形で書

き出す。職責を明示することにより、部下が分担する仕事——何を、どんな仕事を——の範囲を明らかにすることができる。部門ミーティングの前に用意した分担マトリックスに基づいてやればよい。

(b) 部内での相互の立場や協力関係などを確認する

　各人が職責を受け入れるには、全社的目標、方針や自部門の使命などの理解が必ず必要である。上司は何故そのような職責を決めたのかを部下自身が意識できるようにしなければならない。その上で相互に情報を交換し合い、そのうえで次のようなテーマを中心に討議に入る。

① 各自の仕事の達成状況と達成の見込みについて
② 各自の現時点での問題点
③ 自部門が当面している問題点を業務面、能力開発面などに分けて話し合う
④ 現時点で考えられる対策について
⑤ 重点とすべき目標（重点目標領域）をどこにおくべきか
⑥ それを部門の重点目標とした場合、それを達成するための目標をどうすべきかなどについて話し合う

　討議の過程で、管理者は当然リーダーシップを発揮すべきであるが、部下の参画意識をくじくような言動は厳に慎まなければならない。部下が反論したり、意見を述べたり、提案したりする権利については十分認めてやるべきである。討議の過程では、上司は部下の思考を促し、判断しやすいように情報提供者の役割を果たす。

　このような討議の中で、部下は部門目標設定に関与し、参画したという実感を抱くようになる。これこそが、これからもっと重視しなければならない周知結集型のマネジメント、みんなで知恵を出し合う組織運営である。

　職務を実際に担当し、遂行にあたる人達の知恵や経験を引き出しもせず、また活用もしない職場では、良い業績は期待できない。

図-21 ① チャレンジ・シート

年度　上期・下期

社員番号		所　属		面接日	年　月　日
氏　名		役職位		所属長	
等　級					

I　役割とその達成度

A. 職　業 課　業	B. 目　標 （具体的行動計画）	C. 相互評価 自己 / 上司
1		+　±　-　／　+　±　-
2		+　±　-　／　+　±　-
3		+　±　-　／　+　±　-
4		+　±　-　／　+　±　-
5		+　±　-　／　+　±　-
6		+　±　-　／　+　±　-
7		+　±　-　／　+　±　-
8		+　±　-　／　+　±　-
9		+　±　-　／　+　±　-
10		+　±　-　／　+　±　-

II　組織人としての心構えとその努力度

要　素		目標（組織の一員としての自覚）	（評価） 自己 / 上司
規律性	1		+　±　-　／　+　±　-
	2		+　±　-　／　+　±　-
	3		+　±　-　／　+　±　-
責任性	1		+　±　-　／　+　±　-
	2		+　±　-　／　+　±　-
	3		+　±　-　／　+　±　-
協調性	1		+　±　-　／　+　±　-
	2		+　±　-　／　+　±　-
	3		+　±　-　／　+　±　-
積極性	1		+　±　-　／　+　±　-
	2		+　±　-　／　+　±　-
	3		+　±　-　／　+　±　-

III　能力開発（何をいつまでにどのレベルまでどのようにして）

上記の振り返り（その成果は）

図−21 ㊨ ミッション・シート　　　　　　　　　　年度

社員番号		所　属		面接日	年　月
氏　名		役職位		所属長	
等　級					

I 役割とその達成度

A. 職　責	B. 目　標		F. 相互評価		
課　業	（具体的行動計画）		自　己	上　司	
			+ ± −	+ ± −	
1			+ ± −	+ ± −	
2			+ ± −	+ ± −	
3			+ ± −	+ ± −	
4			+ ± −	+ ± −	
5			+ ± −	+ ± −	
6			+ ± −	+ ± −	
7			+ ± −	+ ± −	
8			+ ± −	+ ± −	
9			+ ± −	+ ± −	
10			+ ± −	+ ± −	

| C. 重点事項 | 確　実 | 拡　大 | | E. 役　割 | |

D. 主要なチャレンジ				
革　新	創　造	育　成	自己充足	

II 備考

全員に職責に対する具体的行動計画（目標）の作成を依頼し、各人の個別面談の日時を決めてミーティングを終了する。

(c) 「チャレンジシート」「ミッションシート」の記入、提出依頼

　上司はミーティングで、自部門の目標と方針そして各人の職責を明らかにしたうえで、図—21㋑㋺で見るようなシートでの実行プランの記入、提出を依頼する。

　シートは来期、あるいは来年度、部下各人がチャレンジすべき目標や、チャレンジの方法について具体的に記述するもので、それによって、来期、来年度、部下がどんな仕事をどの程度、どのようにやろうとするのか、また、どのような人材となるための努力をどのようにするのかを一目瞭然としたものである。シートは、したがって部下のマイ・ジョブとマイ・チャレンジを網羅したものであるが、必ずしもチャレンジシートと呼ぶ必要はない。名は体を表すよう、しかも、みんなに愛着を持ってもらえるようなネーミング——例えば、クリエイティブカード、マイ・ジョブカード、職能開発カードといった——を付けたり、部門・職種によってカードの色を変えるといった心配りを見せてもよい。そのようなちょっとした心配りが、面接制度を全従業員が、自分たちのものとしていく。本書では「チャレンジシート」と「ミッションシート」両方併わせて「シート」で統一させていただくが人材の育成段階では「チャレンジシート」で、そして人材の活用段階では「ミッションシート」として考える。シートの呼び名もさることながら、その様式についても、記入する人の立場に立って大いに工夫する必要がある。様式については資格区分、役職位に応じて記入しやすいように設計されることが望まれる。さて、シートを部下に記入して提出してもらうねらいは、そのシートによって、最終的に来期、来年度の部下各人の役割（職務基準）について面接を通じて、上司、部下双方の合意と納得を経たうえで設定し、確認し合うことになる。したがってシートを部下に記入して

もらい、それを提出させるにあたっては、面接に関する規程や、記入要領などについて、あらかじめ部下に理解させておかなければならない。ここでは、そのような規程があるなしにかかわらず、どのような点に留意しなければならないかを述べておく。

(ア) 全員にシートを配布し、記入、提出するよう依頼する

記入、提出依頼をする際は、部門ミーティングの場で部下一人ひとりに直接手渡す。依頼するにあたって、次のことを周知徹底する。

① 職責（課業とその任務）に対する実行プランの作成
② 面接日
③ 記入の要領

(イ) 記入要領の徹底

部下が何度か記入を経験しておれば、くどくどいう必要はないが、要領をつかみきっていないうちは──特に面接制度が導入された直後などでは──記入要領を手渡すだけでなく、職場会議やミーティングの席上で、要領に書かれた内容の補足説明をする。特に、ものを書くことにあまり関係のない仕事についている部下や、書くことを苦手とする部下などは、面倒くさがってきちんと書かずに提出したりするが、それを下手な表現、下手な字であっても、ちゃんと書かせることが大切なのである。最初に、適当に書いて出せばいいというイメージを与えないよう、注意しなければならない。適当に書かれて後で苦労させられるのは管理者である。

(ウ) 記入依頼の際の留意点

シート記入にあたっては、被面接者である部下からの質問や相談は、大いに歓迎といった態度で臨む。そして質問、相談を受けたら、示唆、助言、激励する。

シートの記入のための相談は、上司と部下との対話の中で、ごく自然に行なわれるといったものであってほしい。

また、記入するにあたっては、部門や職場ごとに「課業一覧表」

や「職能要件書」は当然のことで、「事業計画・方針書」や「部門計画・方針」などを部下が自由に随時閲覧できるよう、取り計らい、それらを基準に、あるいは参考としながら、部下が書き込んでいけるようにすべきである。

(3) 個別面談までに上司としてなすべきこと

部下に記入依頼した実行プランの提出を受ける面談の前に、上司がしておかなければならないことがある。

(a) 前期、前年度の評価

ミーティングが終わって期が変わったら前期、前年度の部下の役割の達成度を評価する。職務遂行過程の行動の観察、分析、記録の内容、その他をもとにして、前期、前年度の役割の結果がそしてそのプロセスがどうであったかどうかについてふり返り、その結果をもたらした原因までも含めて部下について分析、評価する。

(b) 情意面のチェック

特に一般職レベルの者であれば

情意面でクリアしている面と、そうでない面をチェックしてみる。情意は、大きく分けて二つの側面でとらえられる。その一つは、組織の活動や機能を維持し、組織の崩壊を防止するうえからも欠かすことのできない意識、態度があり、これには規律性と責任性がある。この二つは、絶対欠かすことのできないことから、ベーシックな意識で絶対条件である。

もう一つは、組織は常に前進し続けなければならない宿命を負わされているが、そのためには、いま述べた絶対条件だけでは不十分であり、より大きな目標や、新しい職務にチャレンジしていく積極性や、より大きな視野に立って行動し、組織全体の成果をあげるため他人の仕事をカバーしていく協調性が必要とされる。協調性や積極性は、組織の前進、発展のためのプロモートマインドであること

から、これらは必要条件である。

　情意は、いわば、仕事や目標に取り組む組織人としての自覚であり、人の感情や意志の領域に関係するが、いくら知識、技能といった能力に優れていても、この情意（やる気）に欠けると良い成績や業績はあげえない。情意は、目標達成行動を規制し方向づける要素であるので、絶対条件、必要条件の両側面とも十分にチェックしておく。役割の成績や業績は、設定された基準に対してやったかやらなかったかを評価すればよいが、情意は、成績や業績を生み出すまでのプロセス（行動）に関係するものであるので、職務遂行過程における観察を通して把握されなければならない。部下の位置づけによっては、期待し要求される情意的側面が違ってくることも念頭におかなければならない。入社間もないジュニアクラスには、絶対条件をもとめる期待が大きいのに対し、仕事の担い手の中心となってバリバリやってもらわなければならないシニアクラスでは、必要条件に対する期待度が高まってくる。

(c)　能力（自己啓発）面でのチェック

　前回面接時（シート作成）に確認した啓発目標に対し、その成果を分析する。

①　OffJT（off-the-jobtraining）参加、社外研修参加、通信教育受講、資格取得、読書などによる知識、技能の修得がどの程度達せられたかについて分析する。

②　その修得されたものが職務遂行上、どのように生かされているかについて分析する。

　なお、分析にあたっては、マイナス要素にばかり目を向けないで、プラス面についても把握し、プラス面を更に伸ばすよう方向づけを考えることが大切である。

　また、部下の情意面や、啓発状況の分析を通じて、上司として、部下の過去一定期間の職務遂行状況について、日常どのように観

察、分析したか。そして観察、分析を通じて、指導すべきところを的確に指導したかどうか。指導した結果、効果が確認できるものであったかどうかを、上司自身が反省することを忘れてはならない。部下掌握のための日常の観察と分析は、期待し要求する基準──役割像（職務基準）や能力像（等級基準）そして人材像（職群基準）や実力像（コンピテンシーモデル）など──に照らして行なうことがその要諦となる。ということは、役割像（職務基準）や能力像（等級基準）が不明確だと、どこに目をつけて、何を観察するのか、ポイントがはっきりしない状態で、ただなんとなく観察しているという結果に終わってしまう。反対に、基準がはっきりしておれば、その基準に対してどこがどうかについて、集中した効果的な観察、分析ができることになる。明確な基準があってこそ、個をみつめた、正しい観察、分析がなされることを銘記しなければならない。

(d) **本人条件（部下の適性等）の把握など**

その他、常日頃部下が強く興味を持っている点、将来に備えて自己啓発に励んでいる点などの分析をしておくほか、仕事の成果に大いに影響を及ぼす部下の体力、素質、適性（将来の可能性）などについても日頃の部下の行動や、自己申告の内容等をとおして、多面的に分析しておく。

(e) **外部条件、内部条件からのチェック**

ご存知のごとく、今日の企業環境は複雑多岐であり、変化の予測も難しいとされている。そのような環境下で、企業活動はたえずダイナミックな対応を迫られる。部門目標を立てるにしても、変化に対応するためには何に重点をおき、その目標達成のための努力配分をどこにおくかを考えなければならない。そこに部門目標は、バランス指向と、重点指向という二つのまとめ方がある。他方、環境変化に対応するため、企業は戦略組織を変更したり、事業の拡大や新

しい技術の導入を図ったりする。そしてそれに伴う業務の変更、統廃合、新設などが行なわれる。役割（職務基準）の設定に当たっては当然それらが加味されたものでなければならず、職務は流動的にとらえられていかなければならない。そうなると、部門の目標必達のための役割（職務基準）も、バランス指向、重点指向を欠いてはならないものとなる。しかも状況に合わせて考えなければならないし、業務の変更などにも合わせて流動的かつ柔軟に設定していかなければならない。また、業務の統廃合や新設の場合は、今までと違った職能要件が求められてくる。部下の目標は、達成すべき仕事の内容とレベル、すなわち役割、修得すべき能力の内容とレベル、すなわち啓発目標として明確化されるが、その役割や啓発のベースは、目標や方針と職務調査を通じて職種別、等級別にまとめられた課業一覧表や、職能要件書（等級基準）となる。各人の役割（職務基準）は、これらをベースとして設定されることを、原則としなければならない。課業一覧表や職能要件書は、全社的基準であり、全社的に整理された"期待像"であり、絶対考課を行なううえでの絶対基準である。したがって、課業一覧表や職能要件書から逸脱して、役割や能力開発を目標化していったのでは、絶対考課の基盤が崩れ去ることになる。とはいうものの、職務は流動的かつ柔軟に設定されるべきである。これを考慮しない役割（職務基準）の設定は、現実と遊離してしまったり、運用が場当たり的になったりして、かえって課業一覧表や職能要件書を有名無実化する危惧すら生じてくる。課業一覧表や、職能要件書は、その柔軟にして現実と遊離しない適切な運用が、現場サイドでなされる必要性がどうしてもでてくる。それとともに、運用管理上、課業一覧表、職能要件書は追加、補足、修正削除などを行ない、常にアップ・ツー・デートなものに整備しておかなければならない。課業の内容そのものが、何年間も全く変動がないということは通常では考えられない。運用を硬直化させ、

課業一覧表、職能要件書を形骸化させないためにも、見直し修正は絶えず行なうべきである。見直し修正となると、その最適任者は、その組織の中にあって、職責を明示したり、部下を掌握し、人事考課をする人すなわち管理者である。その職務について、見直し修正できる人は、管理者をおいて他にはいない。課業一覧表、職能要件書の運用管理の適正化を図るためにも、管理者の職責の中に「課業一覧表、職能要件書の見直し、修正」を入れてしかるべきである。職能資格制度が導入されておらず、課業一覧表や職能要件書が整備されていない場合でも、かく企業には職務明細票や職務記述書、業務マニュアル、作業手順書、分掌規程、権限規程といった、職務に関する規程や基準になるものがあり、これらももちろん目標設定の有力な手がかりにはなりうる。そこでこれらについても、課業一覧表、職能要件書の場合と同様、内容がアップ・ツー・デートなものになっているかどうかを調べ、いまいったい自部門にはどのような仕事があるのかを、余さず書き出しておくようにすればよい。

4　個別面談の実施

部門ミーティングが終わって各人は与えられた職責に対する、具体的行動計画の目標を大体7日から10日の間で考え、個別面談の場に提案することになる。そこで部下の実行プランについて説明をしてもらい、十分なやり取りをしながら検討に検討を加えて充実させ、役割として設定、確認することになる。なお、個別面談の前にシートを提出させ、上司が与えた職責に対し部下一人ひとりの立てた目標についてあらかじめ検討を加えても良い。

(1)　職責の確認

部下に与えた職責についてまず確認する。職責についてチェックする最大のポイントは、それが課業一覧表や、職能要件書にある課

業などから、適切に転記をしているかどうかを調べることである。職責編成にあたって、課業の数はどのくらいが適当か、また課業はすべて書き出すようにするのがよいのか、重点課業に絞って書き出すのがよいのか、といったことがよく問題とされるが、これは簡単に結論づけられる問題ではない。課業の数は、ひとつには仕事の量と質との関係で決めていかなければならない。仕事量として多い課業を分担させることになれば、そうたくさんの課業を与えるわけにもいくまい。また職種によっては、課業がそう多くない、例えば生産部門などがある。したがって課業の数としては、2～3でもかまわないし、10前後あってもよい。仕事の質的な面と量的な面を考慮したうえで決まってくる問題である。職責から考えて　課業をすべて書き出すようにしておくのがよいか、重点とすべきものだけを書き出すようにするのがよいのか、これについては貢献度評価の納得、公平性の面から考えると、すべて書き出しておいたほうがいいかもしれないが、能力開発の面からすれば、必ずしもすべての課業を書き出す必要はない。部下の等級レベルに対応する課業が書き出されておれば能力開発は行なえる。要は、これらのバランスの上に立って、すべてを書き出すか、重点だけを書き出すかは各企業において政策的に決定すべき問題である。ただ、重点にすべき課業だけを選んで職責編成をした場合、重点以外の課業について、やらなくてもいいということにはならないのであって、上司が期待する役割として、当然、評価の対象となる。その点については、上司としてしっかり認識しておかなければならないし、部下にも徹底しておかなければならない。人事考課における達成度評価は、上司と部下の間で確認された役割に対して、やったかやらなかったかについて評価されるべきである。ただし、重点課業とそうでない課業とでは、実際に評価をするにあたって考慮しなければならない点がある。どれとどれを重点とするか、職責編成の段階ではっきり確認し合って

おくことである。例えば、"課業Aについては今期中に必ずとりまとめる――これが重点課業――。課業Bもできれば今期中には完了させる。ただし、課業Aを完全に仕上げるために、1～2ヶ月程度の遅れはやむを得ない――これが非重点課業――"といった期待基準について十分に話し合っておくことである。なぜそうしなければならないのか、それを説明すると次の通りとなる。今期が終わって、課業Aについては期待し求めた通りであった。しかし、課業Bは今期中にできなかった。この場合の達成度はどう評価するか。これと反対の課業Aは不本意な結果に終わったが、課業Bの方は完全に仕上がった。このときはどう評価すればよいか。この二つのケースの評価に対する考え方を示すと――まず、前者については、期待値に対して支障がないとしなければならない。（たとえ課業Bを満たしていなくても）これに対して後者は、期待値に対して支障があったと評価すべきである。（たとえ課業Bを満たしていたとしても）。これが重点課業とそうでない課業を設けた場合の評価のあり方である。そうなると、ますます職責編成の段階で重点とすべき課業について徹底し、確認しておくことの重大さがお分かりいただけると思う。この確認を怠り、もし部下が課業Aを重点と理解していなかったらどうなるであろうか。おそらく結果のフィードバックの話し合いがこじれることは必至である。要するに達成度評価は、上司の部下に対する仕事の与え方（重点とするか否かといった）いかんによって決まるということである。重点とするかしないかを上司だけが意図しても、部下がそれを理解していなかったら結局なんにもならない。この一事からも面接制度とその的確な運用の重要性を認識していただけるのではないかと思う。

(2) 役割の設定、確認～目標（具体的行動計画）の検討

　部下より具体的行動計画の説明を受けその内容の検討を行ない役

割の設定、確認を行なう。

(a) **目標の種類**

　目標設定は、一般、中堅職能クラスのチャレンジシートでは概ね、次のように、役割（業務目標）、組織の一員としての行動（マインド目標）、そして能力開発プラン（啓発目標）の三つの領域に区分して設定されるのが適切だが、上位職能クラスのミッションシートでは役割としてまとめて設定しても構わないし、むしろその方が実態には合う。

　① 業務目標
　② マインド目標
　③ 啓発目標

この三つについては、後でもう一度詳しく触れることになるが、業務目標は、現在その部門や職場においてやらねばならない仕事の中から与えられた職責に対して自分の具体的行動計画として設定したものである。

　マインド目標とは、組織人としての意欲とか態度について自覚してもらいたい行動基準を示したライブラリー（具体的行動短文）の中から選び、自分の心構え目標として設定したものである。

　また、啓発目標は、各人の能力開発面での課題の発見から設定されていく目標である。業務目標達成との関連においての開発や、職能要件書の修得要件からそれを目標化する。目標設定にあたっては、この三つのバランスを考えて、設定されることが望ましい。

　上位職能クラスではこれをまとめて目標化する。それは与えられた職責に対する具体的行動計画（チャレンジ）としての達成基準とその遂行基準についての提案となる。内容は

　① 100％確実に実行するチャレンジ
　② 職責を拡大するチャレンジ
　③ 部下育成のチャレンジ

④　自己充足のチャレンジ

そして

⑤　革新に対するチャレンジ

⑥　創造に対するチャレンジ

等に分類される。

(b)　**目標の検討・評価**

　提案された目標（具体的行動計画）の検討、評価は明確性、実現可能性、貢献性そして効率性などの観点からその達成基準、遂行基準について吟味する。

　㋐　**達成基準について**

　まず期待値の"どれだけ・どの程度""いつまでに"について検討する。

　この"どれだけ""どの程度""いつまでに"の具体的記入方法についての詳細は後述するが、記入そのものが、具体的かつ適切に行われているかのチェックも大切だが、基準そのものが妥当、適切であるか、高すぎないか低すぎないかを慎重に検討しなければならない。いずれにしても、この達成基準に対してどうであったかが達成度評価に結びつくので、具体的に記入されているかどうかの検討は重要である。検討は、書き出された課業一つひとつについて行なうことはいうまでもない。

　㋑　**遂行基準について**

　遂行基準とは、目標達成の手段、方法、手続きを示すものであり、目標達成過程における行動基準である。その内容は、"どのように"という形で書き出される。この"どのように"は、職務遂行のみならず、部下の能力開発のガイドラインとなる要素を含んでいるほか、業務（実行）計画のベースともなる。上司の側からみれば、期待値と併せて、部下の職務遂行過程のプロセス管理をしていくうえでのガイドラインとなるものであり、部下掌握のための観察、分析を行

なうポイントともなる。この遂行基準のチェックポイントは、上司の方針に沿うものであるか、方針から逸脱しているかいないかを調べることにある。能力開発とその有効活用を目指す人事考課では、遂行基準が、そのカギを握る重要なファクターともなる。部下の遂行基準は、上司にとって部下のOJT目標ともなるからである。また、達成基準を合わせ、遂行基準の内容の検討は役割評価そのものであり、慎重な分析が求められる。なお、役割評価の詳細については、恩師との共著「役割評価の手引＝経営書院」を参考にしていただきたい。

具体的には
① 目標は明確であるかどうか。つまり何を、いつまでに、どのようにがはっきりと具体的に示されているか
② 目標の実現可能性はあるかどうか。つまり出来る見通しは、やれば達成可能か
③ 目標の貢献性はあるかどうか。つまり業績向上、将来への波及効果はあるのか
④ 目標の効率性はあるかどうか。つまりうまくいくのかどうか、投資効果はあるのか

等について部下からの提案だけでなく、上司のアドバイスを交えながら十分な検討を行なう。そのとき、

① 日常の部下の行動の観察、分析、記録、などを参考にする
　部下の立てた目標が、果たして妥当なものかどうかを検討する有力なデータとなるのが、部下の行動の観察、分析、記録であり、人事考課である。部下の行動の記録は、時系列的に綿密に調べておく。

　能力の高まりは、その時点での到達度だけでなくその傾向を調べ参考にする。目標の達成度は、直近のものでは推し量れない面もあるので、過去二年分ぐらいのものを参考にする。

ロ　目標の検討に当たっての留意点

　目標は画餅であってはならない。達成可能なものでなければならないし、また達成可能としなければならないものである。

　また目標は企業の発展や、各人の向上に結びつくものでなければ意味がない。各人がやりたいことを好き勝手に目標として設定させたり、個々人の興味や関心で、能力開発の目標設定がなされることがあってはならない。

　目標はあくまで企業の成果に結びつき、業績を高めるものでなければならないが、それを前提としながらも、なおかつ目標設定にあたっては、部下一人ひとりを一律的に扱うのではなく、個を見つめ、十把一からげにならないよう決めていく必要がある。部下から出された目標の妥当性を判断するには、

ⓐ　会社や部門の方針に合致し、管理者の上位目標や部門にリンクされたものであるかどうか

　全社目標は各部門へ、各部門目標は各職位へと最終的には個々人にブレークダウンされる。個々人の目標は各部門目標必達につながるものでなければならないし、別の言い方をすれば、個々人の目標の総和が部門目標となるように設定されなければならない。したがって各人の立てた目標で、果たして部門の目標が達成可能かどうか、細かく検討してみる必要がある。

　また部下の立てた目標が上司である管理者の方針から外れていないか、上司の方針に沿ったものであるかどうかの検討も加えなければならない。上司の方針から逸脱したものについては、面接の際に必ず修正、訂正させるようにしなければならない。部下の立てた目標をとりまとめることによって、自部門の目標が必達できるかどうか。

・　量的にみて
・　質的にみて

・期限、スケジュール面からみてなどを

　検討する。目標には、期間達成の考え方が不可欠である。目標は成果と併せて、その成果をあげる期限（今週、今月、今期といった）が示されなければならない。成果が期限と結びついたとき、目標は実現化されたものとなる。

ⓑ　各人の目標はバランスがとれているか

　部下の中にはあれもこれもと手当たり次第に目標設定するものがいる。また万事が控えめな者もいる。部下の稼動状況からみて、あまり片寄ったものにならないよう、面接の際に調整しなければならない。そうしないと、比較的ゆとりをもって仕事する部下と、いつも動き回っている部下との差が生じ、不公平となる。また部下の中には、日常反復して行なわれるような単純作業をやりたがらない者がいる。しかしそのような仕事であっても、誰かにやってもらわなければならない。さて、みんながやりたがらないような仕事をどう各人にやってもらうかであるが、その場合、特定の個人に片寄らないよう公平に割り当てをする。公平とはバランスを考えることでもある。コストのバランスも見る。

ⓒ　部下が担当する範囲の重要な仕事についての目標設定がなされているか

　仕事の重要性は、その企業、部門、職場の役割、機能によって決定づけられる。多くの場合、生産、販売を始めとする諸活動につながる業務ということになろうが、その部門が直接扱う経営の諸資源にかかわる職務について、具体的に目標設定されているかどうかも、チェックすべき内容である。重要性を検討するにあたって留意すべきことは、難しい仕事イコール必ずしも重要な仕事ではないということである。この点についても後ほど触れることになるが、そのへんの混同は極力避けねばなら

ない。

　また重要性は、時間的ウェートが高い、頻度が高いということでもない。この点についても心に留めておかなければならない。

ⓓ　部下の目標は、適切に構造化され、具体性があるか

　部下の立てた目標が次のように構造化され、その記述も適切であるかどうかを調べる。目標は効果的、効率的に達成されなければならない。

　そのためには到達すべきゴールを明示するだけでなく、"どれだけ、どの程度""いつまでに"そして"どのように"を構造的に明確化し、併せてリスクへの対応策があるかどうかも必要がある。

ⓔ　目標のレベルは高すぎないか。あるいは低すぎないか

　低すぎると、たとえそれを達成したとしても部下の成長には結びつかない。また高すぎると部下の負担やリスクが大きすぎるので、当初からやる気を失いかねない。部下の中には管理者の気を引くため、管理者が考える以上に極端に高い目標を設定する者がいる。そのような目標を設定してよこした部下に迎合しないようにするのも、管理者の重要な仕事の一つである。通常そのような高い目標に対して、渡りに舟とばかり飛びつく管理者がいるが、ここはなんとしてもその目標を修正するのが、望まれる態度である。そのような上司の態度が部下の信頼を生む。

ⓕ　能力開発という側面から考慮された目標設定がなされているか

　企業の発展にとって、多くの優れた人材を、いかに集めるかを考えることも必要だが、それよりも今いる人材を動機づけ、レベルアップを図り、人材として育て、その能力をフルに活用

していく、これが人事管理のねらいとするところである。よくわが社には人材がいないと言って嘆く経営者や管理者がいるが、素質に恵まれていても磨かなければ光ってこない。ろくに育成もしないで人材がいないと言うこと自体、大いに反省を促したいところである。人間は無限の可能性を秘めている。要は育てようとする意図がそこにあるかないかである。

ⓖ 改善を織り込んだ目標設定がなされているか

　来期は恐らく今期以上の成果が求められるだろう。再来期は、さらに来期を上回るものが当然求められてくる。ということは来期について、今期並みのことをしていたのでは、達成の可能性は極めて低いものとなってしまう。今の仕事のやり方をどうすれば、もっと効率よくやれるかといった、仕事の改善に関する目標を、積極的に立てさせるようにする。

ⓗ ある目標が、他の目標の足を引っ張ることはないか

　マネジメントとは調和と均衡を図ることだといわれている。企業活動の中には二律背反的な要素のものは多い。品質とコスト、未納と在庫の関係などがこれである。そしてこれらのバランスをいかにうまくとっていくかが管理者の手腕の見せどころである。部下の立てたある目標が他の目標のために阻害されたり、抑制されることのないよう、大所高所に立って調整しなければならない。

ⓘ 最後に記入漏れや不透明な点があれば、記入し直す

　目標面接では、部下が記入したシートをもとに、上司と部下で、その内容等について話し合っていくが、面接制度が導入されて間もないうちや、上司が面接に不慣れなときは、やはりシートを前もって提出してもらい、シートの中身を慎重に吟味検討したうえで面接に臨むほうが、効果的な面接が行なえるように思う。面接制度に対する認識が徐々に高まり、上司も部下も、

面接の場数をふみ、面接の要領をのみ込んでくると、シートの事前チェックを省いて、いきなり面接に入るといったこともできるようになるだろう。上司は対話するスキルと部下の言い分を聞く姿勢、忍耐力が必要で、そこに部下との信頼関係も生まれる。

Ⅲ "役割「職務基準」"設定のポイント〜目標面接の留意点

面接においてそのポイントとなるのは、やはり「役割設定と確認のための目標面接」である。これさえしっかり話し合い、確認し合っておけば、あとの中間、育成面接はどうでもよいというのではないが、面接全体がうまく運ぶことだけは事実である。

とにかくこの目標面接において確認し合うべきことをはっきりさせることによって、目標から大きくリスターブした時の的確なフォローアップ（中間面接）、評価結果を踏まえての的確なフィードバック（育成面接）が行える。役割のないところにフォローアップもなければ、フィードバックもない。面接制度の成否の鍵は、この役割の決め方如何にかかっているといっても決して過言ではない。その役割の決め方の詳細をここでは取り上げることにする。

1　役割（職務基準）が具備すべき条件

既に述べたように、諸々の状況を把握しながら、さまざまな条件の中で、部下に職責を明示したうえで、目標を設定、確認した結果、役割ができあがるわけだが、目標と呼ぶにふさわしい条件について考えてみたい。まず、目標は誰が見ても、その内容について、一目瞭然で理解できるものであること。とにかくその目標を立てた当人以外には分からないといった目標では、客観性もなければ、果たしてそれが妥当なものなのかどうかも分からない。だから、目標は、

分かりやすく平易に、めったやたらに形容詞（修飾語）をつけたり、美辞麗句を並び立てなくともよい。誰が見ても分かるようにするには、次の点に留意する。

(1) 目標の具体性（表現の仕方）

　たとえば営業の目標のひとつとして、"取引先との信頼関係をより深める"といったものを示し、目標として取り上げたとしても、なんとなく言わんとすることは分かるが、人によって、とり方はまちまちである。あまり分かりやすいものといえない。信頼関係といっても、まるで具体性がない。より深めるといっても、どの程度なのかもはっきりしない。

　これが、"取引先の期待を裏切らないよう、約束したことは期限内に履行する"という具合に書き改めてみると、そう食い違った理解のされ方をすることもあるまい。目標は、一般的、抽象的な表現は極力避ける。表現は多少つたなくぎこちなくても、ありのままを書くのがよい。これがだれにでも理解できる目標の第一条件である。

(a) 数値化する

　数値化できるものは、できるかぎり数字に置き換え、期待値として示す。

　"訪問件数を増やす"とするよりも、"一日何件の訪問件数"としたほうがはるかに分かりやすいのである。

　さきほどの"約束を期限内に履行する"といった目標の場合は、そのまま数量化はできないので、約束不履行は３回までとか、７回以上はしないと数値化を工夫することもできる。

(b) 定型課業、非定型課業によって目標は違う

　目標は、必ず数値化できるとは限らない。例えば定型的課業はやり方が決まっていて、その通りやればミスはないはずである。だからミスゼロ絶滅などをその目標にすればよい。非定型的課業の場合

はアイテムやその内容のプロモート、シュケジュールなどをその目標とする。定性的目標をわかり易くするにはその内容を具体的に示しながら、達成方法などを確認する。

(c) **優先順位も考える**

目標を決めるにあたっては、その時々の状況に応じて、最優先しなければならない仕事を効果的に遂行していかねばならないから、すべての仕事を同じように扱うということは決して得策ではない。

今日は何をさておいても、どうしてもやらなければならない仕事に力を集中する、明日はまた明日で――といった仕事と仕事の筋のつけ方も必要である。

優先順位のつけ方も、その時の状況に応じて弾力的にというのが現実的である。

(d) **緊急度も織り込む**

次に職務によって緊急を要するものもある。それについても部下と話し合って決める。

(2) **目標の妥当性**

目標は、単なる期待や希望であっては困る。また現実性や実現性に乏しいものであってはならない。

目標は達成されなければならないものであるから、初めから達成不可能なものであっては意味がなく、またそのようなものは目標とはいわない。目標の不可欠要件は、高からず、低からずで、努力のうえでの実現の可能性にある。達成可能ということは、単に目標の高い、低い、の問題ではない。それは、

(a) **上司と部下が納得、合意した目標であること**

部下と上司との間で合意されていない目標であれば、部門（上司）の目標にリンクされていない目標ということになる。そのような目標に対してはストップをかけざるを得ない。

(b)　部下に参画させる

　部下が部門や職場の目標設定に、また部下自身の目標設定にどれだけ関与し、参画したかによって、実行実現の可能性が左右される。その目標が達成可能に動き出すかどうかは目標そのものの高さによるものではない。

　多少高い目標であっても、その目標に対する部下のオーナーシップがあるかないかによって達成の可能性はかなり違ったものとなってくる。

(c)　予算の裏づけがあること

　経営の諸資源といわれている、人、物、金、時間、情報に裏づけされていること。

　"なせばなる"といった精神論だけではどうにもならない。予算などのリソースが伴わなければ、目標達成のあの手この手はすべて封じ込まれてしまう。

(d)　部下の能力レベルより、やや高めのものであること

　目標の達成基準が低すぎると、部下は初めから挑戦意欲を持ちえず、達成したとしても、達成による満足感といったものはほとんどない。

　反対に高すぎると、初めから達成を放棄してしまう。また途中で達成不可能なことが分かった場合も同様である。

　目標設定に当たっては、どの程度の達成基準と遂行基準が適切であるのか。部下の能力から見てある程度、チャレンジ気味に設定しなければならない。

(e)　妥当性のある目標

　妥当性があるかどうかの判断基準はおよそ次のようなものである。部下の目標の総和は、会社の経営目標とならなければならないが、そうなるためには、次のような諸要件を備えていなければならない。妥当性とそれらの要件は

(ア) **上位者の目標、方針から逸脱していない目標**

上位者の目標、方針から逸脱していなければ、その目標は上位者の目標にリンクされた目標である。

(イ) **会社や自部門の目標を達成するうえで欠かすことのできない目標**

職責を部門課業一覧表や、職能要件書から導き出された目標であれば、会社の目標、部門目標達成に貢献し得るものとなる。

(ウ) **挑戦的な目標**

目標が何の努力も伴わずに、やすやすとクリアできるものであったのでは、目標と呼ぶに価しない。目標は達成不可能であってはならないが、達成にあたり、相当な困難や、それを克服する努力を伴うものが目標というにふさわしい。

(エ) **育成に結びつくものであること**

挑戦的な目標は、相当な努力や創意工夫を必要とするので、部下にとっては大いに励みになるものである。

改善は永遠にして尽きないものというが、部下に積極的に改善提案をさせ、それを改善目標として、挑戦させるなどは、またとない部下育成の機会となるだろう。

(オ) **最小のコストで最大の成果が期待されるものであるか**

いうまでもなく、それぞれの予算は効果的に活用されなければならない。その最小のコストで最大の効果を上げるためには、現行のルーティンワークにばかり目を向けないで、来期、再来期のことを考え、問題解決を図っておくとか、クレームを発生させないような問題予防型の目標を立てることも考えてみなければならない。目標を立てるに当たっては、今、それをやらなかったために、将来大きなツケが回ってこないよう、将来を見すえてたてなければならない。

(カ) **効率性を考えたものであるか**

その目標が、効率を検討したうえで設定されたものであるかどう

かも、目標の妥当性を裏づけるものの一つである。目標が効率的であるかどうかの判断基準としては、遂行基準が適切に明示されているかどうか。目標は、"何を""どれだけ"やればよいかを明確化するだけでなく、遂行基準、すなわち、達成方法の適切な方向づけがあって初めて効果的に達成される。

目標達成は、あたかも山頂を目指す登山のようなもので、例えば富士山に登るには、御殿場から登ることもできるし、富士吉田のほうから登ることもできるが、登る人が新人の場合、そのいずれを選んだほうがリスクが小さく、より安全であるかを考え、登るルートを決める。

目標設定にあたっては、達成のための最適手段をあらかじめひねり出し、組み立てる。これが目標達成の方向づけであり遂行基準の明確化である。この方向づけが適正なものでないと、目標は達成しましたが道草を食いました、お金もその分だけ多く使いました、となる。

最も効果的な達成手段、方法について検討を重ね、練り上げた目標こそ、最も効率を重視した目標といえる。

とはいえ、その効率という考え方が、余りにも安全第一でも困る。効率を追求する中にも、計算され尽したリスクテーキングがあってしかるべきである。

(f) 適切なスケジューリング

スケジュールが詳細に検討され、組み立てられていることも、目標を効率よく達成するための条件として重要である。スケジュールがあいまいなものであれば、目標達成に支障をきたすであろうし、他の目標との関連や連繋がうまくいかないことも発生する。

2 動機づける役割（職務基準）とは

目標が具備すべき条件は以上の通りであるが、役割が以上の条件

を備えることと併せて、部下にやる気を起こさせるものであるかどうかについて、検討を加える必要がある。

人はなぜやる気をなくすのか、今までいろいろ言われてきた考えの中から拾い出してみると、次のようなことがいえる。

(1) "やる気"をなくす要因

(a) 仕事の内容が単純反復作業であったり、成功感を味わえないような場合―外的要因

仕事の内容が定型化されており、反復繰り返しで行われるような仕事、習熟するのに、さほど時間を要さない仕事ばかりをやっていると、いずれやる気は失われていく。

また、成功感の味わえない仕事とは、決められた手順どおりにやっておれば、問題なくやれる仕事であり、苦労しなくても慣れさえすればできるような仕事をいう。

が、これはあくまで仕事の性質であって、仕事の重要性や必要性とは関係ないがこの種の仕事も結局はだれかがやらなければならない仕事ではある。

(b) 自分のやったことが正当に評価されない場合―外的要因

上司の主観などによって評価される場合を指す。客観的な、また、絶対的な基準によって評価されればこのような事態は起こらない。

(c) 成功体験をしたことがない場合―内的要因

例えばいつも売上目標未達成、100％達成した経験をしたことのない場合を指す。

そういう部下にとっては、成功がどんなものであるかという実感が分からず、いま以上にやる気をみせようとはしない。

(d) 失敗体験が強烈であきらめている場合―内的要因

これは、一度のひどい失敗に懲りて、二度と危ない橋を渡らないと決めてしまっている場合である。その他結果だけを重視し、プロ

セスを評価しない場合もやる気をなくす要因となる。

(2) "やる気"を起こす条件

　ところで、われわれは、彼はやる気があるとかないとか言って、やる気という言葉を普段よく使うが、やる気とは何かと改まって問われてみると、なんと答えてよいのかとまどってしまう。分かっているようで、その実分かっていないのがこのやる気である。わが社にはやる気のある人材がいないといって嘆く経営者がおられるが、果たしてそうなのであろうか。

　やる気のある人とはどのような人のことをいうのか、この問いかけに対する答えには、"困難な事に出くわしても、あきらめずに根気よくやり遂げる人""物事に対して意欲的に取り組む人""バイタリティがあって積極的な人"といったものが多い。やる気とは一般にはそのようにイメージされているらしい。

　このイメージから、やる気とは要するに、執着性ないし根気強さ、意欲的、バイタリティがあるといったことになるが、ではそのような活動性を持っている人ならば、すべてやる気があるかといえば、一概にそうとはいえない。やる気の基準には一説によると、

　① 高い基準（目標）を設定してこれに挑むこと
　② 独自の方法で基準をクリアしようとすること
　③ 長期を要する達成すべきものをもっていること

の三つがあるそうである。この三つの状態のいずれかに置かれている人を、一般にやる気のある人とみなす。①～③について少し詳しく説明すると、

　①は、今までよりもさらに高いレベルで、仕事や研究をしようとするものであり、②は、みんなと違ったやり方でやってみようとか、自分で考えてやってみようといった姿勢をいい、③は、今日はだめでも、将来その仕事のエキスパートになるため、今努力するといっ

た態度である。

　したがってやる気のあるなしは、表面に表れた行動の一部だけをとらえて判別できるものではない。威勢がよく、精力的に物事に取り組んでいくことだけがやる気のある証拠と考えるのは早計である。

　事実、やる気のある人たちの観察結果から、次のような事実が明らかにされている。

　　イ　すなわち、人は何にでもやる気を示すのではない。納得できないことはやらない。
　　ロ　やる気のある人は現実的な悩みをもっている。（仕事の面でも、生活の面でも）
　　ハ　物事を熟慮するというか、分析的な目で物を見る。
　　ニ　感受性が強く、行き届いた気配りをする。
　　ホ　あわてず落ち着いている。

等である。したがって、おとなしく、人目に目立たない、静かに物事に熱中し、現実の悩みを持っている人にもやる気はあるのである。

　さて、このやる気であるが、やる気はそれが動機づけられた状態にならないと、行動となって現れないといわれる。人には皆それぞれやる気はあるが、それが動機づけられて初めて行動化されるのである。

　一般に人はなぜ行動を起こすのか、それは、

　　　欲求　－　動機づけ　－　目標達成

という図式で説明されている。人は何かしたいという欲求にかられると、それを実現しようとして行動を起こす。この実現しようとする心の状態が、動機づけといわれるものであるが、行動を起こす条件が整わないと、せっかくの欲求―動機付けは行動に結びつかない。そこで欲求―動機付け―目標達成という、一連の行動を、継続できるような条件を整える必要がでてくる。その条件とは、上司がどのような協力や援助を与えるか、といったものである。

それにもうひとつ、これも条件のひとつに数えられると思うが、部下自身の欲求水準に比べて、外的刺激とのギャップが、あまり大きすぎないということである。例えば、部下が100万円ぐらいの車を買いたい（欲求水準）と思って車を探したところ、150万円ぐらいの車（外的刺激）しかなかった。この場合、部下が150万円をあまりにも高すぎて手が出せないと思ったら、部下は車を買うことをあきらめてしまう（欲求の放棄）それが、120万円ぐらいであれば、多少無理をしてでも部下は買おうとするかもしれない。このギャップの差が適当であることが、欲求――動機づけ――目標達成の行動を起こさせる重要なカギを握っているのである。

これまで述べたところを整理してみると、次の通りとなる。
① 人は皆やる気をそれぞれもっており、やる気のない人はいないと言うこと。
② やる気が具体的な行動に結びつくには、条件が整わなければならない。条件が整えば行動に結びついていくということ更に
③ 個人の欲求基準と、外的刺激のギャップがあまりにも大きいとあきらめてしまう。

これらの人間行動そのものを理解することは、目標設定上非常に重要なことであり、これらの理解なくして、部下との納得、合意による目標設定は、期待し得ないといってよい。動機づけは、トップの顔が見え一人ひとりは自分の仕事とその頑張りが確実に企業の成長に貢献していることを実感出来ている時に高い。

(3) 職務の拡大と充実

「やる気をなくす要因」の項で述べたようなやる気を失った人たちは、会社の中、職場の中にも何人かはいる。

そこで、こういった人たちにやる気を持たせ、より大きな目標に向けて動機づけることもまた、管理者の重要な役割である。管理者

が行う部下管理とは、役割「職務基準」を設定し、部下の自主管理による職務遂行というかたちで役割「職務基準」をクリアするよう、動機付け、達成という成功感を味わわせることにより自信をつけさせ、更に高い目標に挑戦させるという活動にほかならない。そしてこれぞ部下管理のいきつくところである。

そのような部下管理を行うためにも、そのスタートにあたる役割「職務基準」の設定を、うまく個人別に考えなければならない。その職務基準の決め方に大いに参考になるものとして、職務拡大つまり仕事がまとまりのある単位で与えられたり、職務充実つまり最終成果まで一人で担当するなどの考え方がある。特に能力開発、能力の有効活用という観点に立てば、職務拡大、職務充実という方向に沿って、個々に職務編成を考える。

例えば営業の場合、取引先に対する販売割り当てについては、すべて販売課長がやる、そして割り当てられた数字を消化する仕事は、各営業担当者が走り回ってするという分担の仕方でなく、各営業担当者にいっそのこと、販売割り当てから、ディーラーヘルプの仕事、それから毎日の受注活動までを、その営業担当者のテリトリーに関しては、すべて任せていくといったやり方である。すなわち仕事の機能のうちの実施面だけをやらせるのではなく、調査—企画—結果の検証—、と機能を拡大して職務を設計するのである。

このような個々人の能力や適正、仕事に対する興味や関心を考えての仕事の機能を拡大し、充実させていくやり方は、個人のレベルアップにもつながるし、個人の動機づけにもなる。

職務（責）編成する課業がまとまりのある仕事、すなわち課業としての要件を満たしていることも大切である。

(4) 部下により高い目標を設定させるには

通常部下は、あえて危険を冒すよりは、安全な道を選びたがる一

面があり、確実に達成する道へ進もうとする。

　そこでどちらかといえば、低め低めに目標を設定しがちである。もし、部下全員が、そのようになってしまったのであれば、部門全体の目標は極めて低いものとなってしまう。

　それをそうさせないためには、部下が安心して、思い切って目標を立て、挑戦できるような条件づくりをしておく必要がある。その条件づくりとは、次のようなものである。

(a)　結果（やった、やらない）至上主義のみとしない

　特に営業部門には、達成度、それも売り上げ達成率のみで評価する傾向が強い。そこで低い目標を立てて100％達成するよりも、高い目標を立てて90％しか達成できなくても、むしろそちらを高く評価する、つまり結果だけでなくそのプロセスつまり仕事への取り組み姿勢や仕事そのものについても評価の対象とし評価システムの中に取り入れていくことも必要である。

　具体的には、チャレンジしたときの評価はプラス・ワン（挑戦加点）してやるなどの考え方である。これをやらないと、誰もチャレンジしようとはしなくなってしまう。

(b)　部下の掌握

　部下が設定した目標に対し、感覚的にこれは高すぎる、低すぎるといった程度の分析しかできないようでは困る。役割「職務基準」について部下と話し合うにしても、それがなぜ高すぎるか、低すぎるか、納得させられるだけの具体的事実や裏付け材料としてもっていなければならない。

　それが行えるようになるには、常に部下の仕事ぶりを掌握しておくことが必要とされる。話し合うときに説得力が弱くなるのは、上司が部下の仕事ぶりについて、余りにも知らなさすぎることに起因している場合が多い。話し合う際、上司がもし部下の仕事の内容と仕事ぶりについて詳細に知悉しておれば、話し合いもぐっと具体的

なものとなり、核心に触れた話し合いができ、現実性、信憑性がでてくる。また、会社や他部門、自部門の状況についてよく分析しておくことや、社外の状況についても情報の収集分析をしておく。特に競合他杜の動向などについては詳しい資料をとりそろえておく。部下と話し合うには、事実やデータをして語らしめることこそ肝要である。

(c) **部下への協力や援助を約束する**

部下に職務遂行過程における協力や援助を約束することは、部下に、より高い目標を立てさせるうえで効果的である。"君一人がやるんじゃないのだ。私も手を貸すよ。一緒にやろうよ。どんなふうに手を貸してほしい。よし、そういうことなら喜んで協力させてもらうよ。その問題については、私が何とかするよ"これが協力や援助についての話し合いである。これは、君一人の目標じゃない、困難な問題が発生しても私がついてるよ。こういったお互いの関係を上司、部下が確認しておくことである。もちろんそういった約束ができる信頼関係が両者の間になければならないし、約束した以上は、上司として何がなんでも履行しなければならないことはいうまでもない。

(d) **遂行責任は部下、結果責任は上司**

もし部下が失敗しても、結果の責任は上司という責任の所在を明確にしておくことである。そのかわり、部下には遂行責任を問うのである。部下の目標が未達成に終わったとき、結果の責任が上司にあるということになれば、上司も部下の職務遂行過程に関心を持って見つめようとする。と同時に遂行責任について、部下もまた自分にあることを納得し、役割に当たろうとするだろう。

また上司と部下が強い信頼関係で結ばれておれば、部下自身が遂行責任を自覚することはもとより、結果責任をもつ上司の立場をよりよく理解し、結果責任についても他人事とは思わず、わが事とし

て見るようになるだろう。結果責任は上司、遂行責任は部下、この二つを併せて、目標達成に対する共同責任—そんな責任のあり方、責任所在の明確化が必要であろう。

(e) 部下の目標達成上必要な権限を与える

権限が与えられれば、部下も自分が認められたと感じ、自分で自分を律する責任ある態度をとるようになる。権限を与えることは、それだけリスクを伴うが、与えられた部下にとっては、またとない成長のチャンスとなる。権限を与えた以上は、すぐ取り上げるようなことをせず、権限をうまく活かしながら仕事ができるよう、指導に力を注ぐべきである。

(f) 成長の期待感をもたせる

低い目標を100％やっても、部下自身の能力アップにはならないことを分からせる。高い目標を達成するには、今までの自分に不足するものを充足しなければだめである。その充足された何かが、自分の糧となっていくことを理解させる。部下自身が自分のためになる目標だと分かれば、部下も何とかやろうという気になっていくものである。

(g) 問題意識をもたせる

指示、命令されたとおりしかやらない、やろうとしない人のことを作業指向型の人間という。これに対して目標指向型の人間とは、細かい指示を受けなくても、方向さえ示されれば自分のなすべきことを目標化することができ、それを達成するための手段、方法を自ら考え出したり、達成過程において問題を発見し、その解決に当たれる人のことをいう。今企業にとって必要な人は、目標指向型人間である。目標指向型人間は問題意識も強く、問題解決にもてる力を集中することができる。作業指向型人間にはこれがない。

個々人に目標指向的態度を植え付けるには、期待し要求するものを明示し、それに対して、当人が努力をするよう側面的援助をしな

ければならない。

(h) **自己成長の手掛かりをつかませる**

　期待する役割像や能力像が浸透徹底されると、その中から啓発課題を発見し、自己啓発を通じてより高いレベルの仕事にチャレンジしようとする態度をもつようになる。組織の一人ひとりがそのような態度を身につけていくと、相互啓発によるいい意味での競争関係で結ばれるようになる。

(i) **個々人の葛藤や不満を解消する**

　役割「職務基準」、能力「等級基準」という絶対基準による絶対考課により従業員の不平不満は解消されていく。絶対基準があれば、自己評価、自己反省が可能となるし、上司も基準に対してどうであったかについての的確なフィードバックをすることができる。この自己評価と自己反省と、上司からの的確なフィードバックが結びついて、次の新しいチャレンジが意義あるものとなってくる。

(5) 役割「職務基準」の設定単位

(a) **個人とするか小集団単位とするか**

　役割「職務基準」は、まず個々人が担当する職責を、課業一覧表や職能要件書をベースとして、加えてその時点における経営戦略や事業計画などをにらみながら与え、個々人ごとの目標を設定していかなければならない。これが原則である。

　しかしながら他方では、日本的マネジメントの特色の一つである小集団活動（QCサークル活動、ZD運動など）に見られるような、グループ単位の目標によって成果をあげている例もあるので、グループ目標や共同目標を全く否定しさるのも懸命な策ではない。

　グループ単位の目標を設定するにあたっては、各人の役割分担はなおさら明確化が求められる。それによって個々人の育成の焦点がぼやけないよう配慮しなければならない。

(b) 小集団とする場合の条件

　小集団単位に役割(職務基準)を設定して効果が期待できる場合は、
　① グループのメンバーが同じ課業を担当していること（同一の基準で評価ができること）
　② 小グループであること（グループサイズとしては3～5名ぐらい）
　③ 各人の職責が、グループの目標と結びついていること
　④ お互いに協調性が発揮し合えるような状態にあること

以上をよく検討し、個別育成のポイントがぼやけないで、小集団単位としての目標を設定したほうが、より大きな成果が期待できるようであれば設定する。

(c) 他部門との共同目標について

　共同業務として目標設定していく場合には、部門長レベルで事前に調整を十分に行っておく。一般に担当者レベルで決めた共同目標はうまくいかないようである。

　また、共同業務の場合も、各人の役割分担をはっきり決めておくことはいうまでもない。

　設定単位については以上述べた通りであるが、設定単位が個人であれグループであれ、面接はあくまで個人単位とすることには変わりはない。

(d) 役割「職務基準」の種類（範囲）

　どのような範囲で役割「職務基準」が設定されるべきであるか、普通考えられるのは、通常の業務の領域に限られた目標で設定されがちである。

　しかしながら今期、今年度以上の業績を上げようと思えば、どうしても個々人のレベルアップにも着眼していかなければならない。

　成績・業績と能力は不可分な関係にあり、しかも、技術革新のテンポが速い今日、能力のレベルアップを図らずして、より高い目標

へチャレンジしていくことはできない。もちろん業務そのものの見直しや改善を図らなければならないことはいうまでもない。

そこで目標設定は、前節でも述べたが、次の三つの領域に分けて設定する。

㈎ 業務目標

業務目標とは、各人が担当する職責について目標化するもので、上位目標との連鎖で課業一覧表や、職能要件書の習熟要件などから設定される。

業務目標の直接対象となるのは課業であり、日常の定型業務(補助的な業務も含む)、非定型的業務、量的把握可能な業務、更には今後しばらくの間、定常的に行われるであろう定常的業務、突発的に起こる緊急業務などに対する具体的行動計画である。

㈏ マインド目標

"私の心構え"の目標として組織人として共有すべき評価観や行動基準を絶対条件と必要条件に分けて設定する。更に絶対条件としては規律性、責任性に、必要条件は協調性、積極性等について、こうあってほしい、こうあってほしくないことを具体的行動短文にまとめて目標化する。

㈐ 啓発目標

職能要件書や、今期の業務、マインド目標などから、個人別に育成の必要点を明らかにし、それの習得を目標化したものであり、部下の啓発課題である。

習得の内容によって当人の自己啓発目標となるか、OJT による被指導目標(上司から見れば、上司の OJT 目標)になるか、その他 OFFJT や社外研修参加による習得目標になるのか三つに分け、その習得方法と併せて具体化しなければならない。

以上三つの目標はチャレンジシートに取りまとめ、部下指導に当たるなり、自己啓発(SD＝Self development)に臨ませるように

する。

(6) 役割「職務基準」を適正化するための留意点

(a) 達成不能な基準は設定すべきではない

　役割「職務基準」の期待基準は、高ければ高いほどよいと思っている管理者が一部にいる。

　しかし基準を余りにも厳しいところにおくと、やる気を失うこととあいまって、責任を回避する行動が見られるようになる。未納が発生して売り上げが達成できなかったとか、仕切り率が高すぎて、とても競争に勝てないとか、商品が悪いといった言いわけや、自己合理化がはびこるようになる。

　一般にやりがい、働きがい、生きがいは、自分の仕事を達成した、やり遂げたことに価値を見いだすことから感じとるものであろう。苦労してやったからこそ、味わうことのできる満足感、充実感とでもいうべきものである。

　働きがい、生きがいは、それを感じる瞬間だけの問題ではない。その前提にあるプロセスそのものによって、意味がかなり違ったものとなってくる。プロセスがいくら苦しく辛くとも（むしろ其の時は、働きがいなど無縁と思われるものであっても）結果として成功することにより、働きがい、生きがいとして認識されてくるのではないだろうか。

　だから部下に働きがい、生きがいを感じさせるには、上司の目から見て、初めから達成が到底見込めそうもない目標は、断固与えるべきではない。そして目標を設定したからには、なんとしてでも成功に導くよう、部下に協力すべきである。

(b) 妥協やイージーな目標設定にならないように

　例えば、営業部門の場合、よく見かける例は、売上予算を割り算して割り振るというやり方をする。しかし、そんな割り算で割り振

る仕事であれば、管理者でなくても誰にだってできる。売上目標を決める要素で完璧なものはない。みんなが納得する算出方法などはない。だからいろいろ問題はあるが割り算で決めるのだと言った管理者がいたが、みんなが納得できる方法がないかを一緒に考える、頭を使う、そのために管理者というポストが与えられているようなものである。

　例えば、今期の部門売上目標が前期比5％アップと決まったとする。そのアップを達成するにあたって、みんなで力を合わせて、各自がそれぞれ5％アップした数字に責任をもってやろうといった、個人にとっては漠然とした、はっきりつかみどころのない基準ではだめである。

　くれぐれも留意すべきは、数字を機械的に割り振ったりしてはならない。それは目標でなくノルマとなる。

　特に状況の変化が激しければ激しいほど、目標や方針を修正せざるを得ないことも起こりうるだろうし、また既定方針をそのまま貫くのがよい場合もある。それについても、部下としばしば話し合うことも当然必要となってくる。そこに役割「職務基準」はつど上司と部下で、面接を通じて話し合って決めるという、目標面接の意義がある。

(c) **実績の操作をさせないようにするための基準設定**

　役割「職務基準」を、早々と達成してしまう場合もある。その場合、達成してしまった時点（正確に言えば、8割、9割を達成しヤマが見えたとき）から、部下は足ぶみを始める時もある。特に営業の場合にはこれがある。今月、もうひとふんばりして、100％以上やっても、来月息切れすればなんにもならないとか、今月はたぶんにラッキーだったが、来月はどんなアンラッキーが発生するかも分からないから――といったところで、今月は100％で抑えておく。そしてオーバー分は、ためこんで来月にとっておく、といったこと

は、よく聞く話である。

　だからこそ、部下の役割「職務基準」の設定に当たっては、上司としてできるかぎり現状を把握し、情報を収集分析し、しっかり見通しを立て、綿密な計算に立って、部下の役割「職務基準」の設定に関与しなければならないのである。そこには安易な妥協や、部下の頭数で割り算して目標数字を決めるといった考えなど言語道断である。

　基準を操作する原因には、"他人のやらなかった分を押し付けられたのではたまらない"とか、"基準以上の実績を上げると、更にきつい基準が課せられる"といったことを警戒することにある。また部下の実績の認め方に問題があると、意識的に操作し始める。営業などの場合、確かに運不運はつきものである。急に大口の受注があったりして、基準を大幅に上回ることもあるが、そのとき、その予期しなかった大口受注を実績として認めず、実績からマイナスしてしまう上司がいる。これをやるから、部下は真剣に目標に取り組む態度を失っていく。いい加減な目標設定しかしなくなるし、どうせ認めてもらえないならば来月にと隠蔽するのである。それが多分にフロックであり、ラッキーに見えても、それは、その時点においてたまたまそうなっただけで、ロングランで見た場合、やはり能力のあるものは、優れた実績を上げる。

　とにかく、上司、先輩、同僚が協力したとしても、部下の実績は実績として認めてやることである。"運不運も成績のうち"と考えるべきで、マイナスするなどはもっての他というべきである。もし、それをマイナスしたなら、では、アンラッキーのときはどうしてくれるのだと部下は言うに違いない。

　実績の操作は、実績のいい部下ばかりがするとは限らない。今月はどう頑張っても、100%はおろか、80%そこそこしか達成できないという見通しを立ててしまうと、今月を投げてしまって実績の打

ち止めをしてしまう。80％を1％でも2％でも引き上げようとする努力を放棄し、来月に備えるようになる。これも上司としては頭の痛い問題である。やはり役割設定時の徹底した話し合い、更には目標達成過程における、キメ細かい プロセス管理を効果的に行うこと、これが最善の策と心得るべきであろう。

3　面談での留意点

　部下から提出されたチャレンジシートをもとに、個々人別に面接し、役割を決めていくわけであるが、面接を効果的に行うためには、部下の職責と現状についてチェックし、円滑な話し合いができるよう、準備を整えておくとよい。準備を慎重に行うと、それだけ自信を持って面接に臨むことができる。

(1)　部下の提案した目標の検討

(a)　役割「職務基準」の設定にあたって

　まず部下の提案した具体的行動計画（目標）の検討にあたっては、次の点を考慮すべきである。
　① 部下の職責内容を確認する。
　② 部下の目標を今までの行動の観察、分析、記録データから検証する。
　③ 当人のやる気を誘発し、成長を促すものであるかどうかを考慮する。
　④ 開発された能力が、十分活かせるようなものかどうかを検討する。
　⑤ 職責と目標の内容に、当人の興味、関心を加えて考慮する。

(b)　人と仕事の結合のバランスを考える

　組織の運営と維持、適材適所、効率的な職務遂行と成果達成のため、個別に見てアンバランスにならないよう、職責および目標を慎

重に検討する。調和と均衡こそ、最も留意されるべきポイントである。

　能力の開発、有効活用という観点からすれば、部下の位置づけにふさわしい仕事を与えることを前提としなければならないことはいうまでもない。しかしながら最近では高学歴化、高齢化、IT化、併せて構造変革などにより、職務を個々人の位置づけ（能力）だけで、それに対応する課業で、すべて編成することはだんだん難しくなってきた。能力と実力のミスマッチがそこにある。いうなれば、ベテランにも、新入社員がやるような仕事をやってもらわなければならない状況となっている。そのような状況下で、果たしてどのように人と仕事を結びつけていけばよいのであろうか。人と仕事を結びつけるには、いくつかの考え方があるが、それを次に紹介する。

　152頁の図―22は、現在6等級の者に対し、職責を編成した、3つのケースであり、能力と実力が概ね一致している状態での考え方をまとめたものである。図に示したケースは、今後とも、各企業において起こりうる可能性は極めて高い。

　　Aの場合……当人の能力以下のレベルでほとんど職責が編成されているので、当人の能力開発には結びつかない。
　　Bの場合……当人の能力以上のレベルでほとんど職責が編成されているので、意欲はもたせられるが、当人に与えるプレッシャーは大きい。
　　Cの場合……当人のやる気、仕事の結果、育成の面から見て、最も望ましい編成。

　さて職場の現実を見ると、Cのような最も望ましいケースで、それは該当等級レベルを4割与え、そして上位レベル3割、下位レベル3割ぐらいで各人の職責が編成できればよいが、まず全員に対してこのかたちでの編成を行うことは大変難しい。実際は、A、B、C、のケースが入りまじって、職責が編成されているのが現実かと

思われる。

そこで、そのような現実を踏まえて、職責を編成するにあたり、AからCまでのそれぞれのケースにおいて、部下育成の観点から、配慮すべき編成上のポイントについて考えてみたい。特に編成上問題となるのはA、Bのケースと思われる。

〔Aの場合の編成上の留意点〕

人材の母集団の関係上、当人の能力以下の仕事を、どうしても多くやらせなければならない場合には、次に留意してレベルアップやモラルアップを図る。

① 改善目標を多く設定させる……現在仕事の方法の改善などについて設定させ、当人の知識や経験を活かす。

② 作業基準、業務マニュアルなどの作成、改変、修正などに当たらせる……これも前期①同様、当人の知識、経験を活かすことになる。

③ タスク・ローテーションを考える……当人の能力以上の仕事を交替で担当させる。(これによって当人の能力以下の仕事も、他の者と交替で担当することになる)

④ 職務の拡大を考える……当人の能力以下の仕事でも、当人のまだやったことのない仕事をやらせる。

〔Bの場合の編成上の留意点〕

当人にとって、過度の負担とならないよう、面接で次の点を指導する。

① 自己啓発プランの作成、実施方法について

② 必要な知識、技能の習得方法について

③ 職務遂行過程における上司の協力、援助について(面接後のフォローアップの項参照のこと)

④ 遂行基準を詳細に検討しておく

これが能力と実力がミスマッチしている状態となると上記のよう

にはいかないし異なった対応が求められる。役割設定の工夫だけでなく動機づけの問題など面接に先立ち十分検討しておかなければならない。更には能力等級（昇格）と実力等級（進・降級）の分離も必要となる。

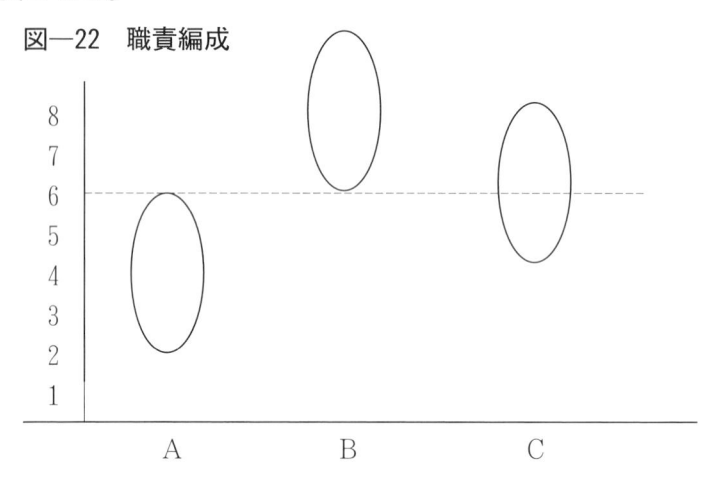

図—22　職責編成

```
8
7
6 ─ ─ ─ ─ ─ ─ ─ ─ ─ ─ ─ ─ ─
5
4
3
2
1
    A        B        C
```

(c)　達成・遂行基準の検討

　遂行基準が、達成基準の決め手になることはすでに詳述したところであるが、部下に対する期待値（どのくらい、どの程度）などからみて、部下が考える具体的行動計画が確実に実行できるようにするには、どう方向付ければよいか、またそのような方向づけでよいのかどうか慎重に吟味する。また、達成手段、方法として、どのような方法が考えられ、そのうちどれが最適のものか、しっかり見通しできるように徹底的な話し合いが必要である。

　部下に対する期待が、現在の部下の能力に比べてかなり高いところにおかれておれば、上司としての援助や協力のしかたについて見通しをたてておく。とにかく遂行基準が具体性、現実性に欠け、適正を欠くと、目標達成の道標としては問題があるわけで、それがため失敗に終わるだけに、上司としていくら検討しても、検討しすぎるということはない。また、遂行基準について部下と話し合う際、

データをして語らしめるようなものがあれば、部下のために事前に作っておくべきである。

(d) **能力開発の検討**

啓発目標は、部下の能力考課、自己啓発の状況、研修受講状況、職務遂行状況の観察、分析、記録、OJT 記録などから、場合によっては上位者や他部門の管理者の意見を参考にして個々人別に検討を加える。特に役割「職務基準」、職能要件書などからみて不足するものがあれば、啓発課題として取り上げ、それを目標化していく。

(2) **面接者として心すべきこと**

(a) **スケジュールの検討**

面接は、大変な時間と労力を費やすので、多忙な管理者にとっては、相当な負担となることは事実である。だからといって、そのうちヒマでもみつけてといった、いい加減な考え方で臨んだのでは、よい面接はできない。上司が多忙であることぐらい部下もよく知っている。その上司が自分の考えた具体的行動計画についての対話の場をつくってくれたということだけでも、上司と部下の距離はぐっと縮まるはずである。

上司が多忙であればあるほど、面接のためのスケジュールを、あらかじめ立てておくことが必要となってくる。しかも、スケジュールは、上司の都合ばかりで立てられるものではない。部下にも仕事の都合というものがある。両者で調整してスケジュール化できれば、それが一番望ましい。目標は出来たか？、今日、いきなりやるぞといったやり方も考えものである。上司と部下との疎通が図られており、人間関係ができておれば、そういったやり方でも問題はないかもしれないが、部下にも心の準備が必要だ。ミーティングの時に決めた日程であっても少なくとも、数日前に知らせ、互いに調整しておくべきである。いずれにしても、行き当たりばったりはよくない。

スケジュールを組むことは、上司にとってはそれが職責であり、加えて部下に対する上司としての面接に対する姿勢を示すことになる。部下も、あらかじめスケジュールを示されることによって、上司との面接日までにじっくりと、具体的行動計画を考え、面接に臨む心構えをつくる余裕があたえられることになる。そのへんに対する上司の細かい配慮も必要であり、これが面接を成功に導く一つの要因となる。

(b) **面接場所の検討、決定**

面接にふさわしい場所をあらかじめ考慮しておく。話し合う内容の性質からして、対話に集中できない場所では困る。対話は意外な方向に進展することがある。気楽に話していても、急に部下から深刻な話を持ち出されることもある。いろいろな場合を考えて、対話の内容によって場所を変えるようでは困る。場所の検討と併せて、前項のスケジュールや時間のとり方については、部下によって極端に差をつけない。上司にとって、大して重要でない問題であっても、部下はそのような上司の取り扱いに不公平感を抱くものである。事実ある会社においては、部下との対話時間を記録しておき、対話時間の不公平をきたさないよう、対話時間の少ない部下には、月末に対話時間をわざわざ設けるようにしている。大変結構なことである。

場所的条件については、「面接実施規程の取りまとめ方」の項を参考にされたい。

(c) **面接の所要時間**

いったいどのくらいの時間をかけて面接を行うべきか、各社のマニュアルなどを拝見すると、その期その年度の目標設定やフィードバックに関する話し合いの時間の目安を20〜30分ぐらいにおいているところが多いが、果たしてこの程度で、どこまで合意、納得に至るまでのじっくりした話し合いができるだろうかという疑問がわいてくる。もちろん常日頃、部下との接触を十分に保ち、部下を掌

握しておれば、それほど時間を必要としないという意見もあるがそれは違う。いずれにせよ20～30分というのは、話し合うべき内容からしても短すぎるように思う。事実この種の話し合いを2時間も3時間も時間をかけて行っている企業もある。

規程やマニュアルの中に、何十分と所要時間を規定すること自体に無理がある。特に役割「職務基準」についての話し合いは、1年に2回（または1回）集中的に行うものである。しかも、その話し合いの内容いかんによって、その期、その年度の成果がどのようなかたちで現れるかを決めてしまう。

時間ばかりをかけるのがよい面接ではないが、所期の目的を果たすためには、十分に時間をかけた面接としなければならない。

面接にどのくらいの時間を要するかは、上司の部下掌握度合、更には各部門の職務の内容によって一概に決めるわけにはいかない。面接時間を云々するよりも、話し合いの目的や内容に目を向けさせるべきで、そのうえで60分かけて面接するか、120分をかけてやるかは、面接する人に委ねるのが本来の姿であろうが、一応のめどとしては、2時間程度を考えておくべきである。

(d) **準備すべきもの**

面接にあたっては事前に周到な準備をすべきモノがある。準備すべきモノには、
- 事業計画
- 個人別課業分担表、職能要件書、課業一覧表
- チャレンジシート（ミッションシート）
- 前期のチャレンジシート、個人別指導記録表など
- 人事記録、身上書など
- 部下の個人的情報、企業情報、業界情報
- 部下の行動観察、分析、記録表（管理監督者手帳など）
- 育成メモ

などがあるが、以上の内容につき詳細に分析しておく。

　面接に入ると、書類やデータに目をとられ、それを見ながら対話を進めることは感心できない。部下がそれに気をとられて話し合いに集中できなかったり、上司が書類を見ながらでは、部下の表情や態度の変化に気づかなかったり、見落としたりするからだ。面接に入る直前に、重要なデータは頭に叩き込んで置くように心がけたい。

(e)　**面接者がおかしやすい過ち**

　面接に臨むにあたって、上司に次のような問題があったのでは、面接は失敗する。そこで、上司自身にそのような問題点が内在していないかどうか、自己チェックしてみる必要がある。

　㋐　**上司が部下に対して抱いているイメージ**

　部下の常日頃の言動や仕事ぶりから、上司が部下の人間像を勝手につくり上げ、ハロー効果や、ステレオタイプで見てしまうことがある。

　上司が部下をいったん反抗的な人物だと決め込むと、部下がたとえどんなに優れた提案をしても、"あてこすり""嫌がらせ"だと思ってしまったり、部下の発言を、上司なりの判断の枠にはめこんで解釈してしまったりする。

　㋑　**上司自身の価値判断基準で部下を見る**

　部下の断片的な発言や矛盾していると思われるような意見を、そのまま取り上げず、上司の判断や考え方で、上司にとって都合のいいようにつじつまを合わせてしまう。つまり上司が部下の言わんとするところを短絡してしまう。部下は常に首尾一貫して話すわけではない。かなり見方によっては、矛盾したところを包含して話す。また話す途中で微妙な心の変化を起こすこともある。

　㋒　**部下に対する過度の（都合のよい）期待**

　上司が部下に、一種の期待感を抱いて面接に臨むことがある。アイツのことだから、イヤとは言わないだろうと、上司が自分の期待

の中に、部下を引き込んでしまおうとする傾向は意外と強い。そのような場合、部下が「ノー」をいうと、せっかくの期待が裏切られたということで、ついカッとなってしまう。

　(エ)　上司の集中力の問題

　部下にとって重要なことであっても、上司の期待する枠からはみ出たことは、聞き漏らしてしまうことが多い。

　(オ)　部下に関する情報不足や情報の誤認

　上司が誤った予備知識や情報を持って面接に臨んだらどうなるであろうか。

　「ほう、そんなことは全然知らなかった。(なぜ、知らせてくれなかったのだ)」となったり、的外れな面接になってしまう。

　(カ)　メモのとり方

　面接を進めながらメモすることの可否の問題がある。面接のねらいや内容によっては、メモすることが、部下から好感をもたれることもある。むしろ部下のほうから積極的に、「それをぜひメモしておいてください」という発言があったりする。

　メモは、上司が面接を通して得た情報を記録するために行うもので、いわば上司自身が過ちを犯さないためのものである。

　部下からの言質をとる、調書をとるのが目的ではない。だれでも、目の前で自分の都合の悪いことをメモされたのでは、しゃべる気にはならない。部下にとって都合のいいことは、目の前でメモをとってやる。都合の悪いことは、面接が終わってメモに残すようにすればいいのである。メモがエンマ帳のように、部下にとって好ましくないものにしないよう、注意すべきである。

　それらをわきまえず、後日になって、それを証拠物件としてちらつかせるようなことは厳に戒めなければならない。またメモした内容によっては、その場かぎりで、後日になって参考にならないものがあることも、十分承知しておかなければならない。

157

(f) 面接における上司の態度

部下に不快感を与えることだけは、なんとしてでも避けたい。それには、次の点に留意する

(ア) 横柄な態度をとらない

ソファーやイスにふんぞり返って座る。足を投げ出し、腕組みするなど、あまり尊大ぶられたのでは、部下は不快感を禁じえないであろう。

(イ) 自慢話をしない

自慢話はまことに聞きづらい。部下の信頼を得んがため、適当に自分の能力のほどや過去の実績をPRするのはよいが、それが度を超すといやみに聞こえる。管理者の中には、十八番としている自慢話を二つか三つ持っていて、事あるごとに部下に聞かせる人がいるが、部下はまた始まったと心の中で笑っているのである。

自慢話とは反対に泣き言を並べるのが得意な管理者もいる。泣き言は気がめいって不愉快になる。

(ウ) 弱みにつけこむな

部下にも触れてほしくない部分がある。それについては、部下が一番よく承知している。それをチクリチクリやられたのでは、部下はたまらない。

4 面接の実際（具体的進め方）

面接におけるプロセスは大体次のステップで進められる。このステップは基本的には各フレーム（目標面接、中間面接、育成面接）に共通するものである。

① 部下を迎え入れる
② 要件を確認する
③ 部下が話すように仕向ける（部下が考えていることを話させる）

④　上司としての意見、考えを述べる
⑤　今期（今年、今後）の目標について話し合う
⑥　将来についての希望、考えを尋ねる
⑦　部下から出された希望などについての意見があれば述べる
⑧　今後の指導、自己啓発の方法について話し合う
⑨　話し合いの内容について確認、そして励ましをする
⑩　話し合いの内容について記録する。必要あれば上司に報告する

　このうち⑩は、直接面接には関係はないが、事後処理として、面接と切り離して考えることができないので付け加える。面接が成功するかしないかは、すべてこのプロセスにかかっているといってよい。以下役割「職務基準」設定、確認のための面接について①から⑩までのプロセスを、順を追って詳細に検討することとしたい。

　面接ではスタートが肝心である。私は部下との人間関係ができているからといった過信は禁物である。むしろ部下との人間関係ができていればいるほど、スタートを大切にしたいものである。面接ともなれば、上司も多少は緊張するだろうし、部下のほうにも、緊張からくる防御的姿勢や構えがあることは否めない。そこでまず、面接場面の雰囲気づくりからスタートする。

(1)　部下を迎え入れる

(a)　部下の労をねぎらう

　面接にあたって、常日頃の部下の労をねぎらう。上司としての気持ちを簡単な言葉でいいから率直に述べる。どんな些細なことでもいい。部下の行動を観察しておれば、労をねぎらうに価する部下の行動は、何か発見できるはずである。概して上司のこの一言が、部下の気持ちをぐっと上司の方に引きつける。日頃、部下の粗探しより、長所に目を向ける努力をしていれば、これはかんたんである。

管理者の中には、部下に感謝する気持ちを持っていても、その気持ちをストレートに表現できない人がいる。むしろ、それを隠そうとさえする人がいる。なぜ、そのような気持ちを素直にいえないのだろうか。照れくさいからなのか、それとも上司としての威厳が損なわれるとでも思っているのか。また、部下の行動を観察していないからなのか。いずれにしても、努力が正当に評価され、それが認められるということは、部下にとってはこの上ない励み――動機づけ、目標達成のための条件づくりとなるので、部下の努力を認めるひと言は大事にしなければならない。

(b)　気楽にさせる

　話しやすい場をつくるため、打ち解けやすい話題から入る。例えば、「先週釣りに行ったそうだがどうだった」とか、「子供さんのかぜは治ったか」など、相手がさりげなく答えられるような問いかけ、話しかけから始める。

(c)　座るポジションを考える

　上司と部下が座る位置が、面接に微妙な影響を与えることはよく知られている。心理的空間に関する研究などから、一般に次のような位置が対話にふさわしい位置とされている。

　①　斜めに互いに位置する。
　②　互いに横に位置する。
　③　90度に位置して座る。
　　（①、②、③、の位置を図示すると、）

```
┌─────────┐ ●       ●→○     ┌─────────┐●
│    ①   │↘       ┌─────────┐       ↙│
│         │ ○      │    ②   │       ③ │
└─────────┘        └─────────┘ ○    └─────────┘

┌─────────┐●
│    ④   │↕         ○→上司    ●→部下
│         │
└─────────┘○
```

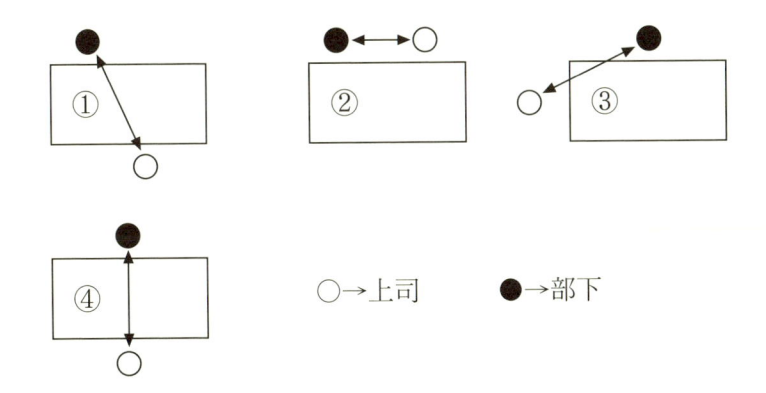

となる。③は、カウンセリングの場でとられるポジションの一つであるが、相手との親和感、親近感をつくるのに適したポジションだといわれている。これに対して、④のように、正面に向き合って座るポジションは、相手に心理的緊張感や圧迫感を与えるポジションとも言われている。このポジションで面接すると、互いに身構えて、なかなか打ち解けられないことがある。面接する場所にもよるが、①、②、③のいずれかのポジションをとるようにすれば無難であろう。もし、部下が上司の正面に座るようなことがあったら、部下を座らせたまま、上司がさりげなく体を動かし、好ましいポジションをとるぐらいの配慮をしてほしい。

　それから、上司と部下との対話の距離であるが、これが一概に決め難い。人には、それぞれ自分が話しやすい心理的距離があって、その距離がどのくらいなのかは、其の時の状況や、相手との関係の程度によっても異なる。相手との距離は、1m20cmぐらいがよいという人もおれば1m70cmぐらいがよいという人もいる。しかし、これとて、あくまで参考にすべき程度であって絶対的なものではない。

　部下との距離がなんとなく離れすぎていると思えばイスを少し前に移動する。イスから体だけをやや前に動かす。反対に、少し近すぎるかなと思えば、テーブルから上半身を遠ざけるように座り直す

といった、距離の保ち方に工夫する。このほんの少しばかりの身のこなしが、距離感の調和に役立つ。

(d) 部下と対等という気持ちで

　面接こそ、部下と対等でという基本的心構えで臨まなくてはならない。この心構えは面接中終始一貫して持ち続けるべきであって、これがなければ、部下は言いたいことも言えず、対話どころか、上司の一方的な話に終わることがある。そこで面接では、上司と部下が対等に話し合うことを強く印象付けるため、

　"今日はなんでも言っていい"ということをはっきり部下に言う。

　"何を言っても、決して部下の不利益にはならない"ということを堅く約束する。（約束したからには履行するのは当然である）

　更に付け加えるならば、部下を威圧する態度や、押し付けがましい振舞いは、厳に慎まなければならない。上司にとっては、部下と対等といった関係で話すことは非常に骨が折れるが、忍耐と努力で克服するしかない。

(2) 要件を確認する

　さて、いよいよこれから面接の本題に入るわけであるが、互いに貴重な時間を費やして面接するわけであるから、実りの多いものとするためにも、最初に確認しあっておく必要がある。要件について事前に部下に知らせ、確認し合っていても、面接に先立って再確認する。そうすることによって話し合いの焦点がボヤけることなく、お互いが責任をもって話し合い、話し合いを円滑に進めようという気になる。

　なお、要件の確認（または再確認）にあたって、時間の余裕があれば、今日の要件の他にも、関係する事項、それ以外のことについて、話し合う用意があることを伝えておく。

(3) 部下が話すように仕向ける（部下が考えていることを話させる）

部下との話し合いでは、上司が自分の意見や考えを述べる前に、まず部下自身の、目標に対する考え方や希望、今までの自己反省、上司に対する要望事項などについて話してもらう。それには上司のほうから問いかける（質問する）。

質問は、部下との対話をスムースに始める誘い水みたいなもので、これをうまく活用すれば、部下は非常に話しやすくなる。

(a) 問いかけ方いろいろ

部下が考えたり思っていることを話させるためには、上司のほうから積極的に問いかけるようにする。それもうまく問いかけることが大切である。その問いかけ方には次のようなものがある。

① 肯定法……肯定形で問いかける方法
　　（例）「それは、君の判断でやったの？」
② 否定法……否定形で問いかける方法
　　（例）「だれもそれをやらなかったの？」
③ 選択法……二者択一、三者択一的に答えてもらう問い方
　　（例）「その提案をしたのはＡ君、それともＢ君？」
④ 自由法……自由に、どのようにでも答えられる問い方
　　（例）「それについての君の意見を聞かせてほしい」

```
┌─────────────┐  ┌─────────────┐
│ 1．選択法    │  │ 1．肯定法    │
│ 2．肯定法    │  │ 2．自由法    │
│ 3．自由法    │  │ 3．否定法    │
│             │  │ 4．選択法    │
└─────────────┘  └─────────────┘
```

さて、職場では実際にどの問いかけ方が多く用いられているであろうか。概ねその順位は、上右のようになっている。これが応答の確実性ということになると、その左のような順位となる。どの問いかけが一番有効かは、部下の理解力や表現力、それに話し合いの内

容によって決まる問題で、いつの場合でも選択法が確実性の高い応答を、相手から引き出せるというものでもない。

　選択法の特徴は、答えるほうに何か比較するものが与えられるので、答えやすいのは確かである。否定法は問いかけの意味が二通りに解釈できるので、部下が判断に迷うことがある。例えば「君はその仕事をやらなかったのか？」という問いかけでは、上司の言い方にもよるが、「君は元来その仕事を嫌がっている。だからやらなかったのか」とも受け取れるし、「君は誰かに言われてその仕事をやらなくてもいいと思ったのか」とも受け取れる。問いかけも二様にとれるし、答えも二通り考えられるので、誤解し、誤解されやすい問いかけ方といえる。だから面接では否定法は避けたほうが賢明である。その問いかけ方に「誘導法」というのがある。例えばクレーム処理担当者の甲君に、「その責任は君にはないというのかね。それとも……（一体ほかのだれに責任があるというのか）」、といった具合に、初めから何か一つの仮定に立って、しかもそれが暗に正しいということを認めさせるような問い方であるから、もし仮定が間違っていたら、とんでもない過りを犯すことになる。職場での話し合いは、犯人の取り調べではないので、誘導尋問や、暗示をかけるような問いかけは慎むべきである。

　その他問いかけ方には、答えを求める対象や範囲によって、全体質問と、一問一答の問いかけがある。全体質問は、「君は、この職場の職場規律についてどう思うかね？」
と供述的に自由に答えさせるやり方である。

　一問一答は、「職場規律のことについて尋ねたいのだが――君は職場規律を守るため、何に一番心がけているか？」「ハイ、出社したときと退社するときの挨拶です」と、一つひとつ限定して答えを求めていくやり方で、多分に暗示的な意味がこめられている。これに対して全体質問は、多分に非指示的であり、部下も言いたいこと

を比較的言いやすいので、部下の考え方や言い分が率直に表現される利点がある。しかし内容を明確に聞き出すという点では、一問一答が勝る。そのへんをよくわきまえた問いかけを考えるべきである。もちろん、初めは全体、しかるのちに一問一答でという問いかけ方も考えられる。

(b) 問いかけるときの留意点

　問いかけるときは、次の点に注意するとよい。

　(ア) 一度にあまり多くのことを問いかけない

　一度に三つも四つも質問を並べ、「職場規律、災害の防止、歩留まりの向上について君の意見を聞きたいのだが……」と何項目も一緒に問いかけるのは好ましいとはいえない。あるデータによると、このような問いかけに対する応答の傾向として、一番最後の問いのみに応答が集中するという結果が出ている。

　(イ) 二者択一で答えさせるような問いは避ける

　"左か右か""白か黒か"で答えさせるような問いよりも、それについての意見や考えを述べさせるような問いかけに心がける。初めは部下が答えやすいように二者択一的に問いかけても、更に"なぜ"を問いかけ、意見や考えを述べさせるようにする。

　(ウ) 同じ問いかけを二度、三度と繰り返さない

　ある一つの問いかけを、見方や角度を変えて問いかけ、答えてもらうやり方は効果的であるが、意味も内容もまったく同じ問いかけを、同じ問い方で繰り返す上司がいる。問いかけられた部下は、また同じことを聞いてくる。真面目に聞いてくれたのかな、と不審に思う。そればかりではない。同じ問いに二度、三度と答えていくうちに、一度目の答えよりは二度目、二度目よりは三度目と、内容がだんだん誇張されていくのである。その誇張のされ方も、内容を想像で補足したり、部下にとって都合のいいように拡大解釈したものを付け加えたり、自己合理化したものとなっていく。

㈔　無理強いして答えさせない

　話し合いが一つのカベにぶつかったり、いろいろ見方や角度を変えて問いかけても、話し合いが思うように進展しないときは、思い切って話題や話し合いのテーマを変える。そして機を見て、先ほど壁にぶつかった問題に舞い戻って問いかけるといった方法をとる。この問いかけ方はブーメラン法というが、顧客との商談のときなどによく使われる。

㈖　部下に考えさせる間を取ること

　矢継ぎ早に問いかけると、部下は面食らってしまって、答えようにも答えられなくなってしまう。普通、話し合いの場における問いかけは、部下にゆっくり考える余裕を与えながら問いかけていくのがよい。この間を利用して、部下はアイデアをまとめたり、自らの反省をしたりして建設的、発展的な答えを出してくるのである。

　また脈絡のない問い方というのがある。この問いかけ方をすると、話し合いはあちらこちらとめまぐるしく転換していくので、部下はそれについてこれなくなり、話し合いの焦点はぼやける。頭も混乱してくるので、良い答えは返ってこない。間の効用を適度に活かした問いかけを心がけなければならない理由がここにある。

　問いかけ方いろいろと、問いかける際の留意点をあげてみたが、問いかけは話し合いが核心にふれていく誘い水みたいなもので、部下が本当にそう思っていることを腹蔵なく話してもらうには、次なる"聞く"という、コミュニケーションの本質に迫る"対話関係"へともっていかなければならない。

(c)　部下の確信の程度を確かめながら話し合う

　部下と話し合うとき、部下が確信を持って話し、答えてくれているかどうかを確かめながら話すことも大切である。部下自身が確信を持てないことをいくら聞きだしても意味がないし、また確信を持って答えたことと、そうでない答えが判断できないようでは、役割

「職務基準」設定の話し合いにも適切さを欠くことになる。部下が確信を持って答えられるかどうかも、面接する上司の態度に影響されるところ大である。部下から確信を持って答えられるものをうまく引き出すには、どうすればよいのだろうか。

(ア) **強要すると部下から確信のある答えは返ってこない**

あるデータによれば、面接される人が正しい答えをしたときは、約90％確信に裏付けられており、誤まった答えをしたときは、確信度は60％そこそことなっている。

問いかけられた人が、問いかけられた内容に対して確信を持って答えた場合、その答えは正しいとみることができるし、確信を持って答えていない場合は、大体その答えは誤りと判断してよいということだ。

そこで、部下の答えが少しあやしいなとか、あいまいだな、と感じたときは、"間違いないか"とか、"確信はあるのか"と投げ返してみることは有効である。そしてその投げ返しに対して、部下がためらいを示すようであれば、更に別の角度から問いかけてみるべきである。

この場合、強要すなわち強い暗示の問い方をすると、面接されている人は、確信の持てない半信半疑の状態で答えているということも明らかにされている。

強要や強制式の問いかけは、答えの真偽をはかる手がかりをつかむことはできても、真偽を区別する手がかりはつかめない。強制式に問われて正しい答えをしても、その答えに絶対の確信を持てる人は、せいぜい回答数の20％程度というデータもある。これにより、強制式の問いかけからは、確信に満ちた正しい答えは引き出せないことがわかる。強制式の問いかけは、面接には不向きなのである。

(イ) **部下に念を押すことの重要性**

部下の答えの確信の程度を確かめるため、念を押すことは、それ

なりに意味のあることはすでに述べた通りであるが、念を押す場合にも下手に押すと逆効果になる。

　例えば、「きっとそれに間違いないだろうな」、「いい加減なことを言うと承知しないぞ」では、話し合いもぶち壊しである。せいぜい「確認のためもう一度聞かせてもらいたいのだが……」「間違うと困るので……」と、これも強制式にならないよう問いかけるのが適切である。また上司が部下の言ったとおりを反復して「……ということだね」と繰り返すやり方もある。

(d)　"きく"ことの重要性

　面接はコミュニケーションの場である。コミュニケーションはいうまでもなく、お互いの情報（意見、考え、気持ちなど）を交換し、相手を理解することを目的として行われるわけであるから、上司から部下に情報を伝えるだけでは、お互いのコミュニケーションが成立したことにはならない。双方の情報交換が十分に行われ、その中から部下を理解することが生まれ、更にその理解を踏まえて、上司の考え、意見、部下のそれに変化や修正が芽生える。これがコミュニケーションの本質である。

　そこで部下と上司のコミュニケーション過程で、部下が何をどう考え、何をどう思っているか、つまり部下の情報をキャッチするという行為のことを"きく"といっている。さて、この"きく"であるが、聞く、訊く、聴く（気く、効く）と、いろんなきき方がある。それぞれは、部下から情報をキャッチする行為ではあるが、きき方がみな違う。

(ア)　聞く

　この聞くは、音声を耳に受け入れるだけのきき方をいうのであって、こちらのほうから問いかけるといった能動的な行為は伴わない。ただ何となく耳に達するままに情報をキャッチしたという程度のきき方である。

(イ) 訊く

訊く語義には、上より下に問う。尋ねる、調べるといった意味がある。すなわち、ある一定の目的や意図をもって尋ねる、質問することをいうのである。

「部下が話すように仕向ける」場合の"問いかけ"は、この訊くレベルでのコミュニケーションである。

(ウ) 聴く

相手が話し出したら、一生懸命注意を集中してきく。相手の話す言葉の意味だけでなく、その背後に隠された言い分や気持ち＝感情まで察知しようとするきき方がこの"きく"である。このようなきき方をするには、相手の言わんとするところをきき漏らすことのないよう、耳を傾けなければならない。だからこの聴くことを傾聴ともいう。そこで傾聴するにあたっては、次のことに特に注意する。

① 途中で相手の発言をさえぎらない

相手の話がひと区切りつくまで、話をさえぎったり、話を打ち切るような催促をしない。これをやると相手は話す意欲を失ってしまう。傾聴するには、相手の言うことを最後まで虚心坦懐に聴くことである。

② 評価的、批判的な発言をしない

部下が何かひと言いうと、それに対して「君、そんなことはあるはずがない。それはおかしいよ」といったり、「私の経験からすれば、そのやり方は間違っている」という発言をし、部下の発言内容の意味づけをする管理監督者がおられるが、部下の発言に何らかの意味づけすることを批判的、評価的態度を示すと、それをいやがって部下は自分の意見、考えを率直に話そうとしなくなる。部下の言ったことを批判したり、評価することがいけないというのではないが、部下の発言中は、その発言内容についての批判、評価は避けなければならない。次によ

くある批判的、評価的応対のモデルをあげておく。

上司　今月の見通しはどうだ？

部下　いやあ、まいりました。厳しいですよ。

上司　月初めにとばしすぎたのではないのかね。（批判的）

部下　それはないと思いますが、あのキャンセルがひびきました。

上司　見通しが甘すぎたんだね。うまい話には気をつけないと。（評価的―解釈的）

(エ)　気く

　上司が傾聴する態度で臨むと、部下はしだいに防衛的な態度を改め、上司になんでも話そうという気になり、自分の考え、意見を率直に話してくれるようになる。傾聴することによって、部下の心に深く内在するものにまで触れることができる。つまり、聴くは、気（心、感情の意）くに通ずるのである。部下の心深く内在するものに触れることは、上司にとって、その時における部下を本当に理解するうえで大いに役立つ。そのような状況になってこそ、その部下に上司としてどのように対応していったらいいのか、確信がもてるようになるのではないだろうか。

(オ)　効く

　上司が聴く態度で臨めば、部下もまた上司に聴く態度を示すようになるばかりでなく、上司が十分に聴いてくれたという満足感から、上司の言うことを素直に受け入れよう――という気持ちをもつようになる。そのようなお互いの関係は、それまで知りえなかった相手のこと、気づかなかったことが理解できるようになる。そのような互いの関係は、目に見えない心のきずなで結ばれた関係へと発展していく。聴くということは、最後には、互いの力と力が交わり合う関係をつくり出す。聴くは効（お互いの力が交わる）くに通ずる。

(4) 上司としての意見、考えを述べる

部下の発言に対し、上司としての意見考えを述べるには、次の点に留意する。

(a) 事実に基づいて話す（事実をして語らしめる）

事実は何にも増して説得力がある。類推や憶測で話さない。どうしても類推や憶測をさしはさまなければならないときは、「これはあくまでも私の推測だが……」と断ったうえで、「私はこう思うのだが、それについて君はどう思うかね」とたずねてみる。その問いかけに対する部下の反応の中から、事実を探り当てることができる場合がある。

(b) 簡潔明瞭に話す

話す場合は、部下が誤解したり、意味をとり違えたりしないよう、紛らわしい表現を避ける。また、上司が期待するところははっきり言う。

(c) 復唱させる

部下が理解していないんじゃないかと感じたときは、上司の発言内容を部下に言わせてみる。"いま私が言ったことについてどう思うかね"

(d) 否定的な言い方をしない

前向きで、積極的な行動を起こさせるような言い方をする。「君はやろうとしなかったじゃないか」という代わりに「僕は君にしてほしかった」といったほうがよい。

(e) 人間性をとやかく言わない

評価の対象は常に行動におき、部下の人格、人間性を非難したり批判しない。「君は全くあてにならん」というよりも、「あれだけ約束したのに、破っちゃ困るよ」

(f) 提案する

意見、考えを述べるときは、提案するかたちをとる。「こうすべきだ」というかわりに、「こうしてもらいたいんだ」という言い方をする。

(g) あいまいな言い方は避ける

上司として自信、確信が持てないことは、はっきりそのように言う。

部下に対して安請け合いをしない。安請け合いしても、いずれ馬脚をあらわす。部下にいい格好をしようとしたことが、かえってぶざまな結果を招いてしまう。

(h) 理由をはっきり言う

次の点については理由をはっきりさせておく。（理由をはっきり伝える）

① なぜ、その職責を考えたのか
② どの程度それを達成すべきだと考えているのか
③ どのような点に重点をおいて、それを遂行すべきだと考えているのか
④ どのような点で、特に能力開発すべきだと考えているのか

(i) 確認しながら話す

互いに了解点に達したと思ったら確認する。それに対して依存がないかを十分に確かめる。どうしても了解点に達することのできない場合は、慌てて結論を急ぐことはない。時間をおいて、また話し合えばよいのである。

(5) 提案された目標について話し合う

それでは、目標（具体的行動計画）の内容について、検討することとする。

目標の設定にあたって最も重要なことは、目標についての条件を考慮して話し合うことである。目標についての条件は、すでに述べ

たところであるが、もう一度その要点をかいつまんでいうと、目標の高さが、部下の能力に対して過大すぎると達成を当初からあきらめてしまう。反対に過小だと容易に達成してしまい、部下にとって決してプラスにはならない。したがって部下にとって、適切な目標とは、部下の能力よりは高く、しかも相当程度努力すれば、必ず達成し得る程度ということになる。

すなわち上司と部下が「ウン、これならなんとかなる」とある程度の確信が持て、達成が見通せるような目標でなければならない。

(a) 業務目標の設定のポイント

(ア) 職責

目標には、具体性がないと目標としての意義が失われるし、上司と部下双方が、はっきり確認することもできない。目標設定の具体性とは、"何を""どれだけ、どの程度""いつまでに""どのように"を明確化した状態をいう。このうち"何を"については、すでにミーティングの場で今期の目標と職責が明かされている。

(イ) 期待値"どのくらい、どの程度"

どのくらい、どの程度を具体化する指標としては

① できるかぎり数値化する

"売り上げの増大"といった表し方では、職務の内容を示しているだけで、達成基準を示すものとはならない。"売り上げの増大何％アップ"となって、初めて達成基準が明確化されたことになる。これが、達成基準の数値化である。

数値化の手がかりとなるものには、次の指標がある。

各それぞれの指標をもとにして、百分比または実数として表示する。

② 期待する状態、失敗やミスの許容範囲で示す

達成基準はできるかぎり数値化されることが望まれるが、職務の内容によっては、また職務が高度化、複雑化すればするほ

ど数値化することが困難になってくる。その場合は、具体的な記述の方法なり、表現方法を工夫した基準として書き出すようにする。

③　現在の条件、水準もしくは状況を記述
　（例）　今以上に納期を遅らせないよう現状を維持する。
④　望ましい条件、もしくは目標が達成されたときの状況や状態を記述
　　（例）　チャーター車の稼働時間を一時間延長し、A地区とB地区の納品を同一日に済ませる。
⑤　ねらいとする改善、革新の内容を記述(仕事のプロモートなど)
　　（例）　梱包時間を短縮化するための梱包仕様を新しく考案する。
⑥　望ましい結果を記述（ミスの撲滅など）
　　（例）　A地区のシェアー30％確保
　　　　　新製品の開発2件
　　　　　信販会社との業務提携の完了
⑦　"いつまで"というタイムリミットを設け、スケジュール化する。スケージュール作成では全体の工程が把握しやすい「ガントチャート」を用いるとよい。
　　・期限をはっきりさせる
　　　（例）　今月中、今期中、今年中、何月何日まで
　　・許容範囲を示す
　　　（例）　〇日以内の遅れの範囲で、2～3日の遅延を限度として指定した日に必ず（発送する）

(ウ)　遂行基準　"どのように"

どんな目標でも、それを達成する方法は一つとは限らない。特に今期から新たに取り組むことになった目標や、困難な目標ともなれば、この遂行基準をどのように決めるかが達成の成否をわける。

遂行基準は、別の表現をすれば、目標達成のための上司としての方針でもある。それは、目標達成過程において、守るべき条件、行動または判断基準などとなるべきもので、上司が部下に示し、部下もそれに合意、納得したものである。

遂行基準の詳細な話し合いは、部下の掌握を前提としてこそ、より現実的、具体的となるし、個別育成のニーズに沿って方向づけられ、設定ができるのである。またそうでなければ、部下の納得合意は得られない。

遂行基準は、具体的には次のように上司、部下の間で十分に話し合い、設定していくよう努力しなければならない。

① 守るべき条件、ないし手段方法を選ぶ場合の設定
　　（例）　1　開拓費は1件当たり平均△△△円以下とすること
　　　　　　2　新規設備の導入は行わない
② とるべき手段、方法の設定
　　（例）　1　新規開拓による新製品の拡販を図る
　　　　　　2　仕掛品の圧縮を中心に在庫を節減する
③ 行動指針の設定
　　（例）　1　顧客のクレーム処理最優先
　　　　　　2　A社の系列店を一店一店切り崩す

例（達成基準）

指　　標	内　　　　容
1. 伸び率	売上高、生産高、利益、回収、受注高、市場占有率、新規開拓、業務拡張、製造費、生産性、ROA など
2. 予算達成率	売上高、生産高、損益、回収、原価歩留まり、一般経費、資金調達、保管料、在庫、広告宣伝費、費消率、投資効果、出荷、EVA など
3. コストダウン	人件費、輸送費、原料費、外注費、動力費、事務用消耗品、販促費など
4. 労働指標	出勤率、残業時間、労働生産性、労働装備率、定着率、充足率、人的効率など
5. サービス向上	クレーム発生率、未納件数、作業ミス、事務処理時間、品質、新システム、サポート、CRM、ARM など
6. 安全衛生指標	事故発生率、障害率、度数率、強度率、改善率など
7. 能率・改善	機械故障率、工程管理、設備改良、事務簡素化、稼働率、製品開発、歩留まり率、動力費、貢献度、協力度など
8. スケジュール化	提出、作成期限、報告期限、情報収集、アイテム提案など
	※上記以外で数値化しにくいもの、なくしたときのデメリット（その仕事をやめたとしたら、どういう弊害が生じるかなど）あるいは、メリットについてその状態を具体的に表現しておく

㈣　**其他業務目標の設定にあたって話し合われるべきこと**

① 定型的業務も忘れずに

　どうも定型的な仕事、それも補助的業務や単純反復業務になると上司も部下も軽視するところがある。

　確かにこの種の業務は難易度も低く、習熟の深まりも浅く、習得も簡単にでき、しばらく続けていると飽きがくる。これに対して、創意性が発揮できる非定型的な業務は、確かにやりがいの面から言って補助的業務、単純反復業務の比ではない。が、仕事の必要性、重要度となると問題は別である。

　その仕事を組織が必要とする以上、補助的業務といえども軽視する考え方は許されないし、それを最優先して考えなければ

ならないこともある。企業や組織が必要としている以上、役割「職務基準」として設定しないわけにはいかない。
② 突発的に発生する業務についても、あらかじめ役割「職務基準」として設定し目標化しておく。

環境の変化、需要の変化、未達の対応、その他不測の原因によって発生する事態に対応する業務についても部下と検討し、前もって目標化を図っておく。一般的にどのようなものが該当するかといえば、

 1 顧客のクレーム処理
 2 事故の原因調査および事後処理
 3 来客の応対、接待
 4 地域社会との交流など

(b) マインド目標の設定のポイント

"私の心構え"については、要素ごとに具体的な今後の行動指針、心構えを話し合う。例えば、服務規律について、離籍の目立つものに対しては、無断で離籍をしてほしくない旨の目標を確認し、カードへは「無断で離籍することがあった」とか「無断で離籍することがなかった」――のように、過去形で、しかも肯定文（該当することがよい場合）および否定文（該当することが悪い場合）をおり交ぜて、短文で記入する。

なお、これらについては、部門別、階層別に違えることで、まさにそれはコンピテンシーそのものでもある。

具体的には、
① 情意評価の要素の定義
② 部下の行動の観察、分析
③ 経営哲学、会社方針、人事理念から社員が共有すべき価値観や行動基準
④ 社是社訓などから

等々から、個別に、意欲の向上、態度の改善に結びつく目標化を考える。

(c) 啓発目標の設定のポイント

　人事考課や目標面接では、部下の能力開発こそ、その最大のねらいとされているので、部下を指導する立場にある上司としては、開発目標を積極的に立てさせるよう、話し合いを通じて援助しなければならない。開発目標を部下と話し合うためには、次の点に留意する。

(ア) 啓発必要点について互いに確認する

　啓発必要点とは、職能要件書に記述されている習熟要件、習得要件、その他役割「職務基準」と、部下の現有能力とのギャップをいう。

　例えば部下が営業職の5等級である場合、当社の営業職5等級に期待し要求される習熟、修得等の各要件に対して、何がどの程度不足しているか、不十分であるか把握されたものが啓発必要点となる。この部下の啓発必要点については、面接に入る事前に把握しておき、面接の場ではその必要点を中心に部下と話し合う。

　啓発必要点についての部下との話し合いにおいては、部下が自らのニーズをどのへんにおいているかを十分考慮して、話しあわなければならない。

　部下は部下なりに自らの成長を欲しており、今の自分にとって何が不足しており、何が不十分であるかについても自己分析、自己認知している。また将来に対する希望、期待をもっているので、これらを無視して啓発目標を設定していったのでは、部下に対する動機づけとはならない。そこで啓発目標の設定にあたっては、上司が把握した部下の啓発必要点と、部下自身が感じている必要点とを互いに確認しながら、現在の職務を通して、それを具体的にどのように実現すればよいかに焦点をおいて、突っ込んだ話し合いをする。こ

れまでは企業の論理から人を判断し、必要な能力を身に付けさせる考え方であった。しかしこれからは一人ひとりの目的や使命と企業のそれの繋ぎを考えねばならない。人生に目的と使命を持っていない人はいない。その目的や使命を良く知り合うことなしにそれぞれの可能性を十分に引き出すことは出来ない。

(イ) **上司として心得ておくべきこと**
① 部下の成長を心から願う熱意をもって臨むこと
　本当に部下の成長を願うならば、その部下の成長のための明確な基準は不可欠となる。
② 短所よりも長所に目をつけること
　部下の長所を引き出す、あるいは伸ばすことに目を向ける。長所を伸ばすことによって短所はカバーできる。つまり長所主義による育成である。
③ 部下の自発性に期待すること
　部下の立てた開発目標をだめと決めつけるのではなく、できるかぎりそれを取り上げるよう心がける。
④ 部下自身が成長しようとする意欲を起こすような方向に動機づけること
　自己認知のないところに啓発意欲は起こらない。部下が気づいていない点を気づかせる。

(ウ) **啓発必要点を具体的にはっきり示す**
部下の分担する課業の習熟度区分（"できる""独力でできる""完全にできる"）に応じて、部下に期待する"その仕事ができる程度"を下回る箇所を明らかにして話し合う。
① 部下が"できる"段階にある場合は"独力でできる"段階へ
　分担する課業について、多少心もとないというか、手を差し伸べる必要がある段階である。
　この段階にある部下については、"独力でできる段階をめざ

して、必要な知識、技能を身につけさせる、もっと経験をつむことを理解させることなどがポイントとなる。

　また状況によっては、その課業と他の部門との関連や、他の課業に及ぼす影響などについて認識させることも考慮しなければならない。

② 部下が"独力でできる"段階にある場合は、"完全にできる"段階へ

　その課業については細かい指導や援助を受けなくても、やっていける段階である。この段階にある部下には、担当する課業について、"完全にできる"レベルにまで習熟を深めるよう、知識、技能を修得するよう動機づける。特に知識は、関連知識や専門知識を身につけるよう目標を設定させる。また、仕事の改善等に積極的に取り組ませ、今まで身に着けたものの、応用力をつけさせたり、さまざまな経験を積ませる機会を、与えるような配慮をする。

③ 部下が"完全にできる"段階にある場合は、更にそれの有効活用へ

　この段階になれば、その課業についてはもはやベテランの域に達しているわけであるから、次の新しい仕事への準備や心構えや、そのための新しい知識、技能の啓発への動機づけをする。また身につけたものをより有効に活かすため、後輩の指導などに当たらせ、指導力を身につけさせることを考えるほか、職務拡大、充実などによる育成の方法を考え、それらについて部下と話し合う。

(6)　将来についての希望、考えをたずねる

　部下が将来に対し、どのような意見や希望を持っているかを尋ねることは、啓発目標の設定のみならず、今後の部下指導育成のあり

方を大きく左右する。そこで次の点を確かめ、今後の育成の一つの指針とする。

① 他部門の仕事で将来やってみたいと思う仕事があるか。あるとすれば、それはどんな仕事か。
② どのような理由で、それをやってみたいと思うのか。
③ どのような時点で、その仕事で取り組んでみたいと考えているのか。
④ これまでの仕事には発揮されなかったが、他の仕事では発揮できそうだと思う、何か知識や技能を身につけているか。
⑤ 直接仕事に関係のないことで何か学んだり、身につけたりしているものはないか。
⑥ 来期、来年度の開発目標達成に関して、上司や会社に希望することはないか。

(7) 部下から出された希望等についての意見があれば述べる

部下一人ひとりの希望にすべて応えられるものではない。したがって上司としては、部下の希望を十分頭にとめておき、今後の仕事や啓発方法を考えるにあたっての参考とする。また、すべて部下の希望通りには対処できないことを十分理解させておかなければならない。そのため、上司としてできること、できないことをはっきりさせておく。即答を避けたい場合には、いつまでに結論を出すかはっきりさせておく。

(8) 今後の指導、自己啓発の方法について話し合う

部下と共に部下の啓発目標を考え、目標設定したならば、次のその目標達成のため上司としてなすべき事項を部下の意見、考え、希望などを加味しながら決め、その決めた内容について部下にも徹底しなければならない。部下の指導についても、目標設定における場

合と同様、部下の啓発を部下との共同作業（部下と共に歩む）で、という視点に立つ必要がある。部下の能力は、職務の遂行を通じて高められることは既知されている通りであるが、そうなるためには、職務遂行過程では部下の自主性を尊重し、できる限り部下に任せるやり方が望ましい。手取り足取りの指導も度を超すと、部下の依存心を高め、自主独立性を損なうからである。

　一般に職務遂行過程でとるべき指導法としては、思い切りよく部下に仕事を任せ、遂行状況について適宜報告させる方向にもっていく。また、職務遂行状況の徹底した観察、分析を行い、もし遂行過程で問題があれば、適切な指導をするといった態度で臨むべきである。

　これは一つの指導法と考えてもよいと思うが、上司は仕事に関連する情報をできるかぎり部下に知らせるべきである。情報を与えることによって、部下はその情報を取捨選択する判断力を身につけていく。また情報は、部下が自らをコントロールしながら職務を遂行する時のレーダーの役割を果たす。情報は状況が多少変わっても、それに即応しながら効率よく職務を遂行するに欠かせないものである。それと、上司自身の"意識的管理の実践"こそ部下育成の最大の鍵を握っていることを認識しなければならない。"部下は決して上司の言うとおりにはしない。する通りにする"という名言がある。これは、上司が上司としてなすべきことを行ない、自己啓発に取り組む姿勢を見て、部下も仕事に真剣に取り組み、自己啓発に励むようになるのである。

　上司として部下の指導云々を考え、実行する前に、
　① 部下の自主性を尊重する
　② 仕事に関連する情報はすべて与える
　③ 日常における意識的管理の実践に努める
といったことが強く求められる。次に指導方法に関しての話し合い

であるが、部下が何を、どの程度、どのような方法での指導を望むかについて、突っ込んだ話し合いをし、その方法を決めていく。

方法を検討する場合、参考となるものを列挙すれば、

(a) **技能に関する指導方法としては**
　(ア)　日常の接触指導（示範）
　　①　間違いを直す──正しいやり方を示す
　　②　やらせてみる
　　③　やってみせる
　　④　代行させる（応援させる）
　(イ)　仕事の方法、手順の指導
　(ウ)　問題解決の援助
　(エ)　社内外研修への派遣

(b) **知識習得のための指導方法としては**
　(ア)　日常の接触指導
　　①　説明する
　　②　助言する
　　③　質問させる──質問に答える
　　④　聞いてみる──質問してみる
　(イ)　読書指導
　(ウ)　レポート提出
　(エ)　改善提案、討論会参加
　(オ)　社内外見学
　(カ)　社内外研修派遣
　(キ)　通信教育受講

(c) **情意、能力向上のための指導方法としては**
　(ア)　日常の接触指導
　　①　注意する
　　②　助言、示唆する

③　手本を示す（示範）
④　ほめる
⑤　しかる
⑥　やらせてみる
⑦　代行させる
(イ)　面接指導――カウンセリング
(ウ)　問題解決援助
(エ)　改善提案
(オ)　小集団活動、プロジェクトチーム派遣
(カ)　後輩指導、ペアー・システム
(キ)　各種会議への参加（上司の代理、随伴）
(ク)　職務交代、仮配属、仮出向、教育配置、社内留学
(ケ)　応援勤務
(コ)　研究発表会、共同研究

　上司が部下を指導する方法としては、まだ他にもある。例えば会社の人事管理制度の中に、教育配置という制度があれば、それに該当させることも上司として意図的に行う部下指導ということになる。要するに部下指導の基本は、情報伝達の基本である「見る、見せる、話す、話させる、書く、書かせる、読む、読ませる、行なう、行なわせる」に通ずるのである。

(9)　話し合いの内容について確認

　目標設定にあたって、面接を通じて話し合われ、お互いに合意、納得した内容を再確認し合う。また修正、訂正すべき内容については、その場でこれを行なう。
　修正、訂正は、部下自身の手によってやってもらう。いかなる理由があっても、上司が直接手を下してはならない。合意、納得に達していたならばどっちが書こうがいいではないかという理屈になる

が、ここではそうではない。チャレンジシートにあらかじめ記入させたように、その修正も、訂正も部下自身の手によって行なわせるところに重要な意味がある。向こう一定期間の仕事や目標を決め、それを実行するということは、上司と部下との契約行為であり、チャレンジシートはいわばその契約内容ということになる。したがって修正、訂正を含めて部下に一字一句を書いてもらい、契約に応じましたという意思表示をさせなければならない。また書くこと自体が、仕事や目標に対するオーナーシップを高め、責任感を一段と昂揚させる作用となる。最終確認されたチャレンジシートはお互いに自署押印し、それを上司、部下が各々保持する。なんでもないようだが、このような細かく配慮された手続きが、確認上どうしても必要である。なお、部下のレベルアップを図る手前、次の内容についての確認が、十分になされているかどうか留意しなければならない。確認の話し合いは、どうしても仕事や目標のほうに集中されがちになるからである。

(a) **上司の側からみて**
　① 指導する項目（内容）について
　② 指導方法について
　③ 指導時期（日時）について
　④ 指導場所について
　⑤ 報告させたり、レポートさせる場合は、その時期と方法について
　⑥ 中途で評価する場合は、その時期と方法について

(b) **部下の側から見て**
　① 指導を受ける項目（内容）について
　② 自己啓発項目（内容）について
　③ ①、②の時期、期限について
　④ 指導を受ける場所について

⑤ 報告したり、レポートする場合は、その方法、時期、期限などについて

(10) 上位者への報告

このように部下の来期、来年度の目標設定が、部下との共同作業で出来上がったならば、それらをとりまとめて（連名課業分担表など）上位者に報告する。

Ⅳ フォローアップとフィードバックのための面接

1　中間面接（フォローアップのための話し合い）

職責を与え、役割「職務基準」が決まれば、それで上司としての役目が終わったということではない。目標達成が計画通りに進めば、これにこしたことはないが現実は厳しい、途中でさまざまな事態が発生するのでその後のフォローアップやアフターケアが、きめ細かくなされなければならない。フォローアップとは、レビュー（観察）・アンド・アナリシス（分析）である。上司は部下の動きについて目配りが必要で、そしてそれを通して、OJT を中心とした、本来のマネジメントの仕事が始まるのである。その要点を列挙すれば、

(1) 部下の仕事に関連する情報はすべて与える（連絡）

① 情報収集は、上司の重要な役目である。部下に代わって情報を集め、それを部下に流す。
② 仕事に対して口出しはしないが、情報は出す。
③ 部下が状況を判断しやすいようにタイムリーに情報を出す。
④ 職場会議や朝礼を利用して、情報提供、意思疎通を図る。
⑤ 部下に対し、いつでも積極的に情報を求めに来るように習慣づける。

⑥　部下に不測の事態が生じたら、部門調査（応援、受援）を行う。

(2)　部下に定期的に、自発的に報告させる

①　報告する必要性をよく理解させておく。仕事を任せたから報告しなくていい、というものではない。
②　いつ報告するかについて部下と話し合い、決めておく。
③　何を報告するかについても、あらかじめはっきりさせておく。
　イ　達成の進行状況
　ロ　達成の見込み
　ハ　方法、手段の変更
　ニ　問題、トラブル等
　ホ　その他
④　むしろ悪い結果、不都合なことを報告する習慣を育てないと、臭いものにはすぐふたをしてしまう。上司の手許に正しい報告＝情報が集まらなくなってしまう。

(3)　部下の仕事ぶりの観察、分析、記録

　部下の仕事ぶりを観察、分析、記録し、部下に報告させるだけでなく、自らも職場内の状況を把握する。
①　観察するのであって監視にならないように注意する。
②　常時行なう。気まぐれ、思いつきでやらない。
③　基準に照らして観察する。そうすれば、ポイントを突いた観察ができる。
④　部下に関心を示す。
　　部下各人が頑張っていてモラールの高い職場であれば、上司に"よく見ていてください"上司も"見ていてあげるからね"となろうが、これが逆にモラールの低い職場であれば、部下は"見られている"上司も"やっているかどうかを見る"というこ

とになる。

(4) 状況によって、示唆、指導、助言などを行なう

① それが干渉にならないように注意する。
② 自発性、創造性（創意工夫）の芽を摘まないようにする。
③ 部下のレベルにもよるが、ヒントを与えるようなやり方で行なう。
④ "共に歩む"姿勢をいつも持つ。
⑤ 苦言を呈する代わりに激励する、ほめる。

(5) 部下との共同活動

　異常、突発事項に対しては、部下と共同で対処する（相談）。
　業務の状況によっては手を貸してやる。放置しておくと、取り返しのつかないような状況を部下が気づかないでいるときはズバリ指摘する。なるべく、部下自身が気づくようにほのめかす。
　また、部下と約束したことは必ず果たす。"部下と約束したことは100％果たす"ということを、上司の役割「職務基準」の中にぜひ含めておくべきである。
　部下から、次から次へと要望や条件を持ち出してくるような上司でなくてはならない。上司の影響力が大きければ大きいほど、その上司に対する信頼度は高く、部下は安心して仕事に打ち込めるのである。問題の早期発見とタイムリーな軌道修正こそ、中間面接のポイントである。

2　育成面接（事態改善のためのフィードバック）

(1) フィードバックの必要性

　人材の育成と有効活用をねらいとした人事考課においては、今期、

今年度の業務目標、マインド目標、啓発目標の達成度についてどうであったかの評価だけに終わらせることなく、評価を通じて次のステップの目標設定に結びつけるものでなければならない。

　人事考課における評価とは、期待し、要求したレベルをどういう点で満たしたか、どういう点で満たしていないかの把握、分析と次へのレベルアップにつなげていくプロセスをいう。

　人材の育成・有効活用における人事考課の特徴は、あらかじめ期待し要求されるものが明示されており、部下自身がどうであったか、自己評価することを可能にする。他方、上司のほうも、部下に対して期待し、要求したものについて、部下個々人がどの程度満たしたか、満たさなかったかを、職務遂行状況を観察、分析したうえで、評価することができる。

　このように絶対基準で行なう人事考課における評価は、部下自身による自己評価、上司による部下評価という、同じ事象に対する二つの側面からの同時評価というかたちで行なわれるところに特徴がある。

　したがって、評価の性格は、上司による結果の査定ではなく、部下の自己評価の申告、上司による評価の部下へのフィードバックにより、互いの評価の照合、確認、評価のズレの分析、互いの評価をふまえての対応策の検討などを中心に進められることになる。

　どういう点について期待し、要求するレベルを満たしていたか、また、いなかったかについて、できるだけ具体的かつ詳細にフィードバックし、期待し要求するレベルに達していない点を、今後どうするかについて解決的な話し合いをし、次の段階の目標に結び付けていく（育成加点）には、やはり面接が最適の手段となる。

(2) **フィードバックのねらい**

　考課結果について部下一人ひとりと面接し、単に満たしていない

点——問題点を指摘するだけにとどまらず、事態の改善について話し合い、今後どのような行動を具体的に起こせばよいかについて共に考え、プランを立て、実行にとりかかれるようとりはからうことが大切である。絶対考課は、今後の事態の改善に結びつけていくところに、評価を行なう真のねらいがある。

事態の改善とは、期待し、要求したレベルをクリアできなかったときの、いわば打つべき手である。その打つべき手とは、一つには役割「職務基準」の変更が考えられる。役割「職務基準」をバーとしての達成度はやった、やれなかったか、をありのままに評価する。そこで上司とすれば部下育成を確実なものとするためにも成功体験を持たせねばならない。そのためには次の仕事の与え方、させ方に工夫が要る。部下が飛ぶべきバーの見直しであり、それは課業および課業分担（職責）の変更や、具体的行動計画（目標）の達成基準や遂行基準といった役割の変更などがある。部下に踏み切り方、飛ばせ方を変えるのである（特に中間項に留意）。仕事の方法の改善、変更ということになれば、今後の目標設定における遂行基準の検討の仕方にも当然、関係してくる。

更に打つべき手としてもう一つ、部下のレベルアップを図ることが挙げられる。部下の足腰のきたえ直しである。仕事は出来るだけでなく、その仕事に必要な知識・技能も求められる。知識・技能がなくても仕事は出来るが、それではマンネリであり、その仕事の高まり、深まりそして広まりが期待できない。そのためには勉強して知識・技能の修得が必要なのである。そこで等級基準の習熟要件、修得要件をものさしとして部下の日常の行動から、能力の高まり（充足度）を分析することになる。具体的には職務遂行を通じて習熟レベルを目指してのOJT、そしてその仕事に求められる知識・技能の修得を目指すOffJTやSDなどで能力開発をする。そして、これら打つべき手を打って、部下が再びバーを落とすことのないよ

うに、上司と部下が手を携えて、努力することになるのである。

(3) 改善に臨む上司の姿勢

改善に対する上司の役割としては、部下からの申告、提案というかたちでチャレンジシートに記入させ、提出を求めることが望ましい。その際、次のような点に留意しながら申告、提案を行なわせる。

(a) 自己分析させる

業務目標、マインド目標、開発目標の達成過程、達成状況と結果から、

① この点とこの点について、自分はこのような方法でこれを直し、あるいは補っていきたい。
② また、そのためには、自分にこういう機会が与えられることを望みたい。
③ 仕事の進め方や方法、職場の環境、同僚、上司との関係の改善をこのように考慮してほしい。

部下の申告の内容には、自己評価、改善提案、自己啓発課題などを織り込ませるようにする。

部下の申告を受けて、上司は来期、来年度の職務編成ならびに育成プランを自ら検討し、また部下と話し合い、次の目標設定に結びつけていく。

フィードバックを通して、部下の能力開発、業務の改善などを効果的に推進するためには、面接制度が確立されていることが望ましいことはいうまでもない。しかし、面接制度のあるなしにかかわらず、部下のレベルアップを図ること、仕事の改善を行ない、問題解決を図り、仕事のやりやすい環境づくりをすることは、管理者たるものの当然の職責である。

一方、部下の立場に立って考えてみても、フィードバックされることによって、自分に期待し要求されるものが、改めて再確認、再

認識できるので、漠とした気持ちからではなく、一つひとつのターゲットをはっきり見定めながら、仕事に取り組むことができるようになる。フィードバックがなされることによって、上司が部下に期待するレスポンスやリアクション、そしてチャレンジする態度が、期待通り引き出せるのである。

(b) 上司自身の反省も必要

なお上司の立場からも事態改善にどう対処するか、反省をふまえ十分に検討をし、改善に取り組む姿勢がのぞまれる。

(4) フィードバックの内容と留意点

フィードバックには、部下に対する何らかの評価が伴うものであるが、元来、人は、他人から評価されることを好まなかったり、評価されることに反感を抱いたりする一面がある。そのことを十分わきまえてフィードバックに臨むべきである。

(a) 評価は、職責を与え、役割を設定、確認した時点から始まっている

一般に評価とは、部下の努力によって達成された成果や、能力や態度の変化を、一定の基準に合わせて判定するプロセスと考えられているが、評価は"その時点、その時点で"行なうのが原則である。能力開発、活用のための評価は、当然のことながら継続的に行なわれなければならない。

評価の仕方の一つに「前後法」というのがある。これは、要するに指導する前と後で、なんらかの評価または測定を行い、それを比較することによって効果を判別しようとするものであるが、少なくとも仕事を与える前と、仕事が終わった時点との対比をしなければ、何がどの程度変化したか進歩・向上したか全くわからない。

しかしながら、評価がこの程度で十分と考えてはいけない。ただ、前と後を比較するというだけでなく、例えば1週間かかってやる仕

事があるとするならば、1週間の中間あたりとか、仕事によってはその日の初めと終わりという具合に、1週間のうちに何回となく評価するなり測定するなりして部下にフィードバックし、なんとしてでもレベルアップにつながるようにもって行かなければならない。この繰り返しこそ評価活動にほかならない。

このように、部下の職務遂行過程における日常の部下掌握が評価のすべてであり、部下掌握のための観察、分析、記録が集大成されたものが評価にほかならない。つまり、基準に対して現在ここまできたのだから、次はここまでといった、部下の過去と現在の努力の跡をそのつど見つめながらつき進む。

(b) **評価の特徴**

評価は、部下一人ひとりがどのように変わったかを見ていこうとするものであり、客観的にデータを比較する測定よりも、評価する人の判断に負うところが大きい。

測定は、評価に必要な基礎データを用意してはくれるが、更にこのデータを分析、解釈し、判断を下さなければ評価とはならない。測定されたデータをもとに、更に部下一人ひとりの個人差に応じて個別判断、個別追及をしていかなければ評価とはいえないのである。個を見つめ、個の育成をめざす人事考課においては、この評価の性格について理解しておくことが必要である。また、そのような評価の性格や特徴から評価のできる人は、健全な判断力を持ち、現場の実状に精通しており、評価の対象となる個人（部下）を最も理解しやすい立場にいる人ということになる。

(c) **事実に基づくフィードバック**

部下——というよりも人——はブラックボックス的存在であり、そのメカニズムは複雑で、職務遂行過程でボックスの中でどんな思考作用が働いているか、企画力や判断力が働いているのか、実のところよくわからない。第三者から客観的にとらえることができるの

は、外に表れた行動だけである。したがって、評価の対象となるのは、あくまで観察可能な部下の行動という事実についてである。当然フィードバックする際も、観察された行動という事実に基づいてなされることになる。ファクト、ファインディングに限る。

(d) フィードバックの内容

フィードバックは、部下の職務遂行行動または結果を判断しながら、適切な変更処置を行なっていく働きをいうのであるが、この変更処置も部下がいかにそれを受け入れていくかにある。それを部下に受け入れさせるには、まず結果がどうであったかを部下に知らせる必要がある。したがって、フィードバックの重要な機能は、管理者である上司の目から見て、部下の職務遂行行動がどうであったかを知らせることにあるといえる。そのようなフィードバックを受けて、部下は自らを見つめ、更にそこから自己の啓発すべき課題を発見（気づき）していくのである。上司が部下に具体的にフィードバックする内容としては、

① 役割「職務基準」の達成度とその努力度
② 能力「等級基準」の充足度
③ 実力「コンピテンシーモデル」の接近度
④ 人材「職群基準」の適応度

などについて、

① 当人の自己評価と上司評価がどうであったか（特に両者の評価の間に、認知のズレのあるものについて）
② 役割に対する達成度（成績と業績）と努力度（情意）
③ 能力の充足状況、充足度に関する上司の所見
④ 更には、今後のキャリア開発や能力開発に関する助言、援助の方法などについて
⑤ その他職務遂行過程で観察され、分析、記録された事項
⑥ 実力の接近度と上司の所見

などについて、それぞれなされることになる。

　フィードバックで大事なことは、結果についてのそれでなく、部下の遂行過程がどうであるか、すなわち、結果をもたらしたプロセスと原因について知らせることにある。

(5)　フィードバックの準備

(a)　フィードバックはいつ行なうか

　面接が制度化されていて、年2回（育成面接と目標面接は同時並行）の役割「職務基準」や能力「職能要件」、そして一定期間ごとの「コンピテンシーモデル」や「職群基準」をめぐっての話し合いや、そのフィードバックをすることが決められていたとしても、それはあくまでもミニマムな場合を示すものであって、職務基準や等級基準について十分に話し合うことや、職務遂行状況などの掌握を十分に行なおうとすれば、限られた面接で、果たして上司としての意図が達せられるかどうかという問題が出てくる。そのような理由から、役割「職務基準」の設定、職務遂行過程における部下掌握を含めて、面接の意識的運用を強調したい。フィードバックの効果を考えるとき、中間面接の必要性の度合いはますます高まってくる。

　特に部下の情意の自覚の高まりや知識、技能の修得状況については、その成果が表れた時点で直ちにフィードバックすることが最適の処置といえる。育成という観点から考えると、態度や能力面で、好ましい変化や向上が表われた時点でフィードバックすると、それが新しい刺激、動機づけとなって部下の啓発意欲や学習意欲は一段と高まる。

　こと育成に関する限り、成果が表われた時点でのフィードバックが一番効果を発揮するのである。成果にはプラスの成果とマイナスの成果がある。プラスの場合はともかく、マイナスの場合は、なお

さらのこと直ちにフィードバックし、矯正しなければならない。この矯正を延期すると、マイナス成果に更にマイナスを重ねて、抜き差しならぬところまでいってしまう。特に組織の維持、防衛上の絶対条件とされている規律性、責任性といった情意面の矯正は、この範ちゅうに属するものである。

　改めて説明するまでもなく、フィードバックはOJTの一環をなすものである。OJTはその性格からして、また効果の面からいって、何か月分とためておいて1回でやってしまうわけにはいかない。しかも、OJTはいわゆるマン・ツー・マンで行なわれるケースが多いし、その進度をフィードバックしながら先に進むという育成方法の一つでもある。面接の定常化、そしてその中での迅速な、タイミングを失しないフィードバックは、部下育成の要諦である。

(b)　スケジュールについて

　面接制度の中で行なうフィードバックについては、役割「職務基準」や能力「職能要件」を明確化し、目標を設定していく際のスケジューリングの考え方と基本的には同じである。

　フィードバックのスケジュールと関連させて、来期、来年度の役割の設定と確認を行なう目標面接は同時並行で行なうように組む。

　結果のフィードバックと次の目標設定は、チャレンジ——レスポンスの反復でもあるから、職場での時間をより効率よく活かす意味から、同時並行をとったほうがより現実的である。したがって、

育成面接＝前期のフィードバック
＋（同時並行）
目標面接＝今期の役割設定
（原因思考で前期をふり返える育成面接と目的思考で今期を見据える目標面接を同時に実施する。）

でスケジュールを立てることを検討する。

しかしながら、フィードバックと次の目標設定の話し合いを別立てとするか、同時並行とするか、そのいずれがよいかは一概には言えない。フィードバックと次期目標設定の話し合いを同時並行し得るかどうかは、面接のルール化と積極的な運用がどれほどなされているか、上司の部下掌握がどの程度行なわれているかも関係する。大切なことは、ここでフィードバックと次期役割設定のいずれも、中途半端に終わらせるようなことをしてはならないということである。これではせっかくの面接制度も台無しである。

それでなくても、フィードバック、役割設定は、上司にとっても大仕事である。そこで期末年度末に、今期、今年度に関するフィードバックを徹底的に行なう。それと併せて来期来年度の部門方針と部門目標の提示と各人への職責の明示を行なう。そして、後日、所定の新しいチャレンジシートに記入、提出してもらって、個別面談を行なうようスケジュール化するのも適切だと思うが、同時並行でもよい。

(c) **準備すべきもの**

フィードバックを行なうにあたっては、事前の周到な準備をしなければならない。

(ア) **上司として準備すべきもの**

フィードバックに臨むに当たり、上司として次のものを用意する。

① チャレンジシート（部下記入提出の「写し」）
② 人事考課表、
③ 個人別指導記録表、育成メモ
④ 行動観察、分析、記録表（管理者手帳）
⑤ 部下の個人的な情報

ただし、これは、フィードバックだけの場合の準備であって、フィードバックと次の役割設定を同時に行なう場合は、役割設定時に準備したものを併せ用意しなければならない。フィードバックと役割設

定を同時並行する場合と、別立てとする場合とでは、準備も当然違ったものとなってくる。

　準備で不可欠なのは、事前に詳細に分析し、的確なフィードバックが行なえるようにしておく。

　今回のフィードバックのねらい、内容を明確にしておくことである。一度に何から何まで全部を欲張るよりも、今回はこれとこれといった具合にポイントをいくつかに絞ったほうが、中身の濃いフィードバックになるように思う。そういったやり方のほうが部下にも理解されやすいであろう。ポイントが決まったならば、上司としてどうしても部下に伝えておきたい内容は何かを検討し、ほめる点、注意する点、育成点などを図―23のような「育成メモ」として整理しておく。

　併せて部下にも、フィードバックのねらいに沿って、部下なりに自分自身のことを分析しておくよう伝えておく。また、次期、あるいは将来、自分がやってみたいと思う仕事や、改善提案、勉強したいテーマなどがあれば取りまとめておくよう徹底しておく。

　そして最後に、上司自身の部下掌握が十分であったかどうかの反省を加えることを忘れてはならない。

　(イ)　部下自身のことをより深く知る

　これは、きわめて初歩的なことではあるが、面接に当たって、部下について、あらかじめできる限り多くの情報を知っておいたほうが、好都合であることはいうまでもない。職場における面接であるから、面接する相手は、毎日顔を合わせている部下、入社以来ずっと一緒に仕事をしてきた部下たちではあるが、部下のことは全てお見通しさ―などと思わないで、面接の前に部下のことを調べ直すぐらいのことは必要である。部下の子供が今年から小学生ということもある。部下のことはいくら知っていても知りすぎるということはないのだし、また、知らなければ充実した面接はできない。

図―23 「育成メモ」

1　導入部	
2　ほめる点	
3　注意する点	
4　育成点	
5　育成プラン	
6　エンディング	

(ウ)　何を問い、何を話すかの準備

　あるいくつかのねらいを持って面接する以上、何を問い、何を話すか手際よく準備しておくべきである。重要な質問事項や確認事項を前もって箇条書きにして書き出しておくと、聞き忘れ、話しもらしの防止となる。あらかじめ説得すべき事項がわかっているときは、説得の進め方の大体を順序だてておく。

　面接時間には制限がある。90分を予定した面接なら、90分間で意を尽くした面接ができるように配慮しなければならないし、当初90分を予定していた面接も、のっぴきならない事情で中断したり、時間を短縮せざるを得なくなることも起こりうる。そんな思いがけないことが起きても、面接において何を問い、何を話すかの予

定（育成メモ）を作っておけば、中断後の面接、短縮された時間内の面接となっても、最低これだけはというポイントをついた話し合いをすることが可能である。

　また、部下に応じた面接展開の見通しを立てておくことも大切である。部下を理解している程度にもよるが、部下を知るかぎり、部下の出方をいくらかなりとも予測できるし、そこで、部下がああ出ればこう、こう出ればああという具合に、話し合いの展開方法も少しは立てられる。ぜんぜん予測しないで臨むよりは話し合いの無駄を少なくすることができることは間違いあるまい。ただし面接は、その時の状況によって流れや展開がどう変わるか、はなはだ予測しづらい面もある。あまり細かく筋書きを作ってみても意味がない。そのへんのところは、十分心得ておかなければならない。部下の出方と合わせて、部下から出そうな質問も予測しておくとよい。部下にたずねられそうな内容をよく考えておくことは、効果的な面接をする布石となる。そして、その予測が正しければ正しいほど、面接は成功したと思ってよい。

(6)　フィードバックのすすめ方

　いよいよ準備「育成メモ」が整えば、フィードバックのための部下との面接に入るわけだが、その面接のプロセスは、役割「職務基準」を明確化する際の面接のプロセスと同じである。念のため、そのプロセス──ステップを再確認しておく。

　①　導入部─部下を迎え入れる
　②　相互評価のフィードバック
　　　自己評価を聞き、その後上司評価を伝える。この時大切なことは自己評価と上司評価をただやりとりするだけで、それが食い違っていても構わない。
　③　意見交換─相互に反省、検討し、事態改善について意見交換

する

まず相互評価の食い違いの理由には以下のようなものがあるがそれを確認し次につなげる。

A　役割の不明確——目標面接の充実がキメ手
B　中間項やチャレンジの取り扱い——人事考課ルールの周知徹底

その後、役割の一つひとつについて、「やった」「やらなかった」の結果云々ではなくそのプロセスや原因についてやりとりする。

上司としての意見、考えを述べる（上司の部下評価）だけでなく、部下が話すように仕向ける。（部下の自己分析、について話させる）

フィードバックにおいては、いうまでもなく期待に対してどうであったかが、ポイントとなる。具体的には職務基準に対する達成度について部下の自己評価と、上司評価の照合と確認そしてその原因究明と職能要件に対する到達度の分析結果がその核心となる。その中で「育成メモ」のほめる点、注意する点を効果的に使うことになるがその際の留意点について、考えてみることとする。

(a)　**好意の相互性**

照合、確認を行なうに先駆けて、アロンソンとリンダーによる「好意の相互性」の実験について簡単に紹介する。この実験は、よい評価をされた場合と、そうでない場合とでは、評価された人がどの程度評価した人に好意を持つか、について調べたものである。

実験は、次のような条件設定で行なわれた。

①　最初ほめて次第にけなしていく場合（記号＋＋→ーーで表す）
②　最初から終わりまでけなす場合（記号ーー→ーーで表す）
③　最初から終わりまでほめる場合（記号＋＋→＋＋で表す）
④　最初けなして次第にほめる場合（記号ーー→＋＋で表す）

この実験結果は、次項の図—24のようにとりまとめられている。

図—24　好意の相互性

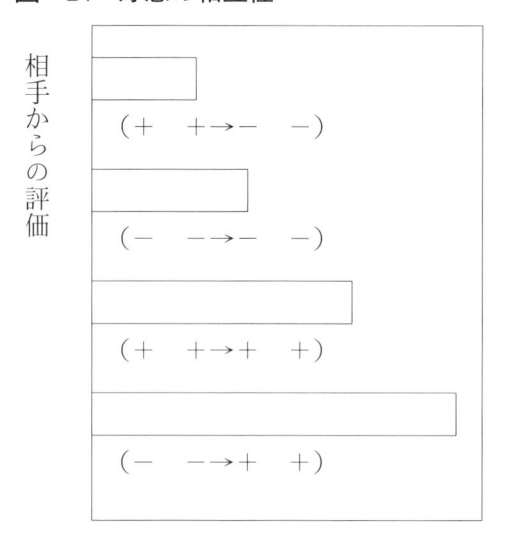

相手からの評価

（＋　＋→－　－）

（－　－→－　－）

（＋　＋→＋　＋）

（－　－→＋　＋）

相手への好意度

　図で見るように、後半の評価（次第にほめる、けなす）が好意度に強く影響を及ぼしていることがよくわかる。初めからほめられてばかりより、中途からほめられるほうが、好意度のボルテージが上がるということである。反対にけなし続けられるよりも、初めほめられ、後でけなされるほうが好意を持てなくなるようである。新たに評価を得たときの喜びも大きいが、失ったときのショックは更に大きいということであろう。この実験から、評価の照合と確認をする際の留意点というか、一つのヒントが得られるように思う。それは部下にとってよくない評価（それは上司にとっても良くない評価）はなるべく早く片付けてしまい、最後は部下にとって大きなプレゼントで締めくくるようなフィードバックが、好意の相互性からいえばより望ましいということである。よほどのへそ曲がりでもない限り、人はほめてくれた人に好意好感を持つことだけは確かである。

(b)　照合と確認の実際

　上司評価、部下の自己評価とも、期待し要求されたものに対して、

やったか（㊉）、やらなかったか（㊀）で行なわれるが、上司と部下の㊉、㊀の組み合わせは、次の四通りとなる。

① 上司、部下共に㊉
② 上司㊉、部下㊀
③ 上司㊀、部下㊉
④ 上司、部下共に㊀

更に、①、②、③、④それぞれは、

(イ) 上位等級の課業をやった場合
(ロ) 等級相応の課業をやった場合
(ハ) 下位等級の課業をやった場合

が考えられるので、合計12通りの照合、確認パターンがあることになる。

さて、これから前記の各照合、確認パターンに従ってフィードバックの要領を考えることにするが、12通りのうち、特にフィードバックに慎重を期すことが要求されるパターンを選び出して、考察を加えてみたい。

〔上位等級をやらせた場合〕

(ア) 上司、部下共に㊉（または部下㊀）

このパターンは、上司にとっても部下にとっても、これ以上喜ぶべきことはない。この照合、確認は、アロンソン・リンダー流の好意の相互性からいえば、一番最後のとっておきのプレゼントということになるが、開口一番、フィードバックするのも、部下は最高に気を良くするだろうし、それなりの効果は期待できるようにも思う。とにかく、上位等級の仕事をやったのだから、もう当該等級は卒業間近いぐらいのほめ言葉や、努力に報いる言葉をプレゼントしてもいいのではないか。部下が㊀をつけた場合は、大いに自信を持つよう励ましてやる。

(イ) 上司㊀、部下㊉（または㊀）

励ます——もう一度挑戦しようである。何が不足していたのか部下と一緒に考える。肝心なことは、次の開発目標をどう立てるかである。それと共に遂行基準についてより細かく煮詰めることである。下手ななぐさめは無用であるが、部下のチャレンジ意欲をくじくようなネガティブなフィードバックは禁物である。

〔等級相応の課業をやった場合〕

(ア) 上司、部下共に⊕（または部下⊖）

やって当たり前といってしまえばそれまでだが、とにかくやったのだからそれを認めてほめる。俺はめったに人をほめたことがない、と自慢する管理者にもずいぶんお目にかかったが、やったことは認め、素直に喜ぶべきだと思う。自分に厳しい部下の場合の場合－をつけることがある。それに対しては、上司として、自分が期待し要求したものを十分満たしている旨を、はっきり伝えなければならない。

(イ) 上司、部下共に⊖

なぐさめる。そしてなぜ⊖になったかを分析的に考える。特にこのパターンの場合、能力面よりも情意面に問題があることが考えられる。ハロー効果やステレオタイプにならないよう、部下をじっくり見つめてみることである。結果は⊖に終わってしまったが、上司の観察、分析記録の中に、何か部下が努力した事実が残されておれば、その努力についてほめてやる。

〔下位等級の課業をやった場合〕

(ア) 上司、部下共に＋の場合

まず十分労をねぎらう。下位等級の仕事だから、さして苦労もなかっただろうにと思われるかも知れないが、直接仕事のことについてとやかく言うのではなく、下位等級の仕事を引き受けてやってくれた、ということに対する心からのねぎらいを、部下に伝えなければならない。部下は下位等級の仕事ということで、合意、納得した

とはいうものの、はっきりいっていやいやながらやってくれたかも知れないのだ。こういうパターンの場合、そのような部下の気持ちを察せず、黙って見過ごしてしまうことが多いように思う。これでは、下位等級の仕事をだれも進んでやろうとはしなくなる。

(ｲ)　上司⊖、部下⊕（または⊖）

　能力的には、十分やりこなせるものを持っているはずなのに、基準に達しなかったということは、おそらく情意面で、多分問題があったと見るべきであろう。上司の日常の掌握の仕方や指導方法を振り返りながら、互いに反省する姿勢が必要であろう。その上で、注意する、しかるなどの処置をとるべきである。

　上司評価、部下の自己評価の照合、確認は、それ自体が、OJTである。部下に期待し要求した基準に対する互いの評価の照合、確認は、部下の啓発必要点をより明らかにしてくれる。それは部下にとっては、自らの啓発課題の発見となる。そこに面接制度のねらいがあることを忘れてはならない。面接こそいろいろな意味で、部下育成の絶好の機会であると同時に、面接それ自体が部下の育成手段である。なお照合にあたって、上司評価の修正は絶対に行なってはならない。

　最後に、日常の上司の部下行動の観察、分析こそ、照合、確認であるということを強調しておきたい。面接制度の定常化は、より観察、分析を的確なものとする。上司が観察、分析を終始一貫して行い、部下を掌握するという、本来なすべきことをきちんとやっておけば、照合、確認する時期を待つまでもなく、すでに照合、確認が終わったも同然の状態になっている。評価は仕事をやり始めたときに始まり、仕事が終わったときは、また新たな評価が始まるのである。

①　事態改善（能力開発や職務改善）について意見交換する
　　育成面接と目標面接が同時並行ならば
②　今期の役割について話し合う

先の部門ミーティングで明示された職責に対して提案される部下の具体的行動計画を検討し役割として設定・確認する。上記以外に
③　将来についての部下の希望、考えをたずねる
④　部下から出された希望等についての意見、考えがあれば述べる
⑤　今後の指導、自己啓発の方法について話し合う
⑥　話し合いの内容について確認、そしては励ましをする
⑦　話し合いの内容について記録する。必要あれば上司に報告する

　以上、能力開発と、その有効活用をねらいとした人事理念と、その人事考課の推進と展開について考察してきたが、そのねらいとするところは、面接制度の確立なくしてその確立も定着もあり得ない。冒頭でも指摘したように、せっかく能力主義を導入しながら、その効果がいまひとつ上がらない裏には、面接―対話による役割「職務基準」や能力「等級基準」の徹底とそのための人事考課が、十分に行なわれていないという大変残念な実態がある。

　これは、面接と評価はマネジメントそのものであるのに、そのマネジメントに携わっている人達全員の「役割」の問題と「自覚」の問題でもある。

Ⅴ　結　び

　時代は能力・成果主義へと動き始めた。そこで管理者たるもの、能力・成果主義時代にふさわしい人事考課についての認識を持つことが求められる。人事考課はマネジメントそのものである。マネジメントは、本来目標達成のためのプロセスにおける管理者の思考・態度行動を表す概念である。管理者が高い目標を達成し、より多くの成果を上げるためには管理者自身が啓発に取り組まねばならない

ことはいうまでもないが、何よりも部下一人ひとりの育成を図ることを役割の第一としなければならない。ドラッカーは企業にとっての評価制度について次のように述べている。『彼は何が出来そうか、どんなことを立派に成し遂げたか、どんなことを立派にやれそうか、という問題から出発すべきである。すなわち人間の強みを見つけることから出発すべきである』このように、管理者は評価に当たっては部下一人ひとりの強み、長所を発見することに努めることが大切である。部下一人ひとりに自分の長所をわからせることは、部下を前向きに奮い立たせる重要なポイントなのである。人事考課においては、日常の職務上の行動を分析的に取り上げ、その分析を通じて全体の人材像をつかむ総合力が求められる。ところで、評価があいまいになる原因の一つにコミュニケーションスキルの問題がある。きちんと評価するためにも、また評価に対するフィードバックを確実にするためにもコミュニケーション能力が必要である。

　面接制度がそれなりの成果をあげるかどうかは、職場において適切な面接が行なわれるかどうかにかかっている。つまり、管理者がその鍵を握っているといってよいであろう。ところで世の中には、面接することを職業としているカウンセラーといった人達がいるが、このようないわば面接の専門家は、それこそ10年、20年という長い歳月をかけて面接技術や能力の修得に当たっている。われわれ管理者が、これら専門家ほどの技術や能力を身につける必要性があるかどうかはともかくとして、企業や職場において、優れた面接者となるためには、相当の努力を要することだけは確かである。一朝一夕に良い面接者は生まれない。一歩一歩と良い面接者となるための努力を積み重ねるしかないのである。

　一般に良い面接者とはどのような人のことをいうのであろうか。その前に、どのようなタイプの人が、面接者として不適であるといわれているかについて考えてみたい。

まず、物事を固定的にしか見られない人があげられる。面接する人が、固定的な枠の中でしか判断できないということになると、その面接は非常に片寄ったものとなってしまうからである。

次に、口数の多い人も不向きといわれている。面接のとき、上司ばかりがしゃべっていて、部下はほとんど口をきかないようでは、それはもはや面接とはいえない。面接は部下から情報を引き出すことにある。とかく口数の多い管理者は、面接者として適任とはいい難い面をもっている。その他、権威をカサにきたり、権力を振り回すようなタイプも不適ということがいえよう。

面接者として、自分自身の中に、いま申し述べたような側面があるかどうか、自己分析してみる必要がある。

(1) 良い面接者の条件

それでは職場における良い面接者とは、どのような人をいうのであろうか。

(a) 専門的な知識を身につけていること

上司と部下との面接は、仕事に関係したものが多い。そこで、担当分野に関する専門知識、特殊な知識を十分に備えていないと、部下とのやりとりがかみ合わなかったり、部下の求めに応じて情報提供することができない。

(b) 職場の事情に精通していること

"あの人（上司）は、部のこと、課のことなら何でも知っているよ"といわれるぐらいに職場の情報通になることである。情報を持っていることは大きな自信につながる。それが面接のときに部下から思わぬ情報を聞かされて、びっくりするようでは、なんともぶざまであるとしかいいようがない。情報通になるには、普段から上位識者、同僚、部下達との間に、コミュニケーション・パイプを張り巡らしておくことである。特に再三にわたって強調した部下掌握を、

徹底的に行なっておくことである。

(c) **分析的なものの見方ができること**

　何事も、すべて経験やカンに頼るのではなく（もちろんそれらも大切ではあるが）、情報や事実をもとに、物事や問題の本質が見極められるような思考力や判断力がなければ、良い面接はできない。そして、

(d) **良い"聞き手"であること**

　言葉のやり取りの中から、言葉の背後にある意味や、さらにはその時の部下の気持ち（感情の動き）まで聞き取る能力を備えた人を良い聞き手という。

　良い聞き手といわれる人達には共通した特徴がある。その一つは、まず部下を心から受け入れようとする態度である。話し合いの間、終始一貫して、部下を無条件に受け入れようとする気持ちをこめて部下の発言に耳を傾け、接しようとしている。

　また、良い聞き手は、部下に適切なフィードバックをしながら聞いている。つまり、部下の言わんとしたことについて、それが間違っていないかを部下に投げ返し、確認しながら話し合いに臨んでいる。

　参考までに、良くない面接者、良い面接者を対比し、表にまとめておいたので自分の面接者としての傾向をつかむためにも、ぜひ参考としていただきたい。

良 い 面 接 者	良 く な い 面 接 者
・部下に合わせて話しを展開できる ・部下の発言内容を的確に理解をもって聴く ・聞き上手。部下に気配りが出来る ・面接時間を状況に応じて調整できる ・相手を受け入れようとする ・落ち着いて、好印象を与える ・必要な手がかりを見落とさず、核心をとらえている ・観察結果から総合判断しようとする ・個人的な利害関係にとらわれない ・偏見といったものがなく、分析的に部下を見ようとする	・話す内容がちぐはぐであったり、混乱したりする ・部下の発言内容を聞き違える ・議論好き、とかく口数が多い ・面接時間が長すぎて間延びする ・自己中心的である ・感情が不安定（いらいらや不快感を表情に出す） ・物事を皮相的にしか見ない（その背後にある重要な事実を見落とす） ・すぐ部下を評価したがる ・個人的な利害関係にとらわれる ・偏見、先入観、固定観念で部下をみる

(2) 面接者としての反省と自己啓発

　面接が終わったあと、必ず面接をふり返り、反省を加えることが、良い面接者となるための第一歩である。己を知り、己への"気づき"がなければ、良い面接者への道は歩めない。

　そこで何かのお役に立つこともあろうかと思い、「面接のふり返り表」を付しておいた。面接を終え、まだその場の雰囲気が、生々しく感触として残っているうちに、面接の自己点検をしていただければ幸いである。

　"聞く"能力を高めるための感受性訓練をはじめとするさまざまな体験学習が行なわれているようであり、それらに参加して、コミュニケーション・スキルを高めることにも意義があるが、努力の仕方によっては、より日常的にスキルアップを図ることも可能である。

　ある管理職に伺がった話ではあるが、"聞く"練習を家庭でずっと続けているという。相手は奥さんであり、子供さんである。そして、今の言い方は威圧的だったとか、批判的だったとか家族からの

フィードバックを受けているという。"おかげで、わが家の人間関係はかなり改善されましたが、職場では、わが家ほどにはうまくいきませんよ"と笑っておられたが、その笑いがなんとも明るく、印象的だったことを覚えている。

面接のふり返りシート

No.	項目	該当する	どちらともいえない	該当しない
1	面接や話し合いの雰囲気は和やかなものであった			
2	部下と気楽な気持ちで接することができた			
3	部下は気楽な気持ちで接していた			
4	部下に好ましい印象を与えるような接し方であった			
5	部下に対する言葉づかいは適切であった			
6	部下に警戒心を与えるような言動をしなかった			
7	部下に関心を示し、十分な注意を払った			
8	自分自身はなるべく少なく話すようにした			
9	部下に対する質問の意味は明瞭であった			
10	部下の発言をさえぎったり、横取りのようなことをしなかった			
11	部下の発言がとぎれたとき、更に続けて発言する機会を与えるため間をおいた			
12	適当な間をとりながら話し合いを進めた			
13	部下が考え込んでいるときに発言を催促しなかった			
14	部下と議論しなかった			
15	部下にも質問する機会（時間）を十分に与えた			
16	一度に2つ以上の質問をすることはなかった			
17	部下がいわんとすることを一つひとつ確かめ（問い正す）ながら対話を進めた			
18	上司として期待する答を示唆するような問いかけをしなかった			
19	上司としての考えを結果的には押しつけるようなことはしなかった			
20	部下が納得するような答え方ができた			
21	あげ足をとったり、言葉のハシをとらえて、部下を守勢に追い込むようなことはしなかった			
22	重要なポイントを要領よく、すばやくメモした			
23	部下がメモされることを気にし始めたとき、メモを中止した			
24	「事実」と「意見」を明確に区別しながらきくことができた			
25	上司としてあらかじめ期待していた情報を部下から十分得ることができた			
26	見方を変え角度を変えて事実や情報を得るよう努力した			
27	部下に説明するときは、事実に即して言った			
28	部下の発言中に評価的な態度はとらなかった			
29	対話中、部下の人格を傷つけるような発言はしなかった			
30	まだ、十分話し合いが行なわれていないのに焦って結論を出そうとしなかった			
31	質問に脈絡を欠いて、部下に答えづらくしなかった			
32	権威をカサに着た態度はとらなかった			
33	部下のあら探しに終始する面接をしなかった			
34	面接は部下とのしこりを残すものとはならなかった			
35	部下と十分話し合えたという満足感をもって面接を終わることができた			

※ ☐ 内にレをつけてください　　　　小計

〈著者略歴〉

野原　茂（のはら　しげる）

日本賃金研究センター主席アドバイザー
長崎県に生まれる　立教大学大学院修了
企業（大手メーカー）の実務家時代から楠田丘氏に師事し、現職に転じてからは楠田理論の普及に努め今日に至る。人事・賃金・教育などの分野で活躍中。
中小企業大学校講師（人事・賃金管理担当）
ドラッカー学会員、日本労働ペンクラブ会員
著書：経営書院「役割評価の手引」「新・能力主義賃金」「人材成長アセスメント」「人事考課ハンドブック」「人材評価着眼点シート」「個を尊重する能力・実力主義の人材戦略」
共著として日本労働研究会「監督管理用語の基礎知識」

部下のやる気を高める目標の決め方

2004年5月26日　第1版第1刷発行	定価はカバーに表示してあります。
2014年8月12日　第1版第2刷発行	

著　者　野　原　　　茂
発行者　平　　　盛　之

㈱産労総合研究所

発行所　出版部　経 営 書 院

〒102-0093
東京都千代田区平河町2-4-7清瀬会館
電話 03(3237)1601　振替 00180-0-11361

落丁・乱丁本はお取り替えいたします。　　印刷・製本　中和印刷

ISBN978-4-87913-886-6 C2034